トウカイテイオー伝説

日本競馬の常識を覆した不屈の帝王

小川隆行＋ウマフリ

星海社

264
SEIKAISHA
SHINSHO

プロローグ

帝王の帰還、もしくは英雄の旅

オグリキャップのラストランとなった1990年の有馬記念を「伝説」と称するならば、その3年後の有馬記念のトウカイテイオーは「神話」である。

「伝説」とは、ある種の非日常的な体験が、多くの人に語り継がれていくことを指す。その意味で、オグリキャップの90年有馬記念は、「伝説」と言える。

現役最後の年の秋、ピークはもう過ぎた、終わった、燃え尽きたなどと思われていた「芦毛の怪物」が、武豊騎手の手綱に導かれて復活、大団円となった90年の有馬記念。第二次競馬ブームを巻き起こしたオグリキャップのラストランは多くの感動を呼び、そこから競馬の魅力に取り憑かれたファンは少なくなかった。90年の有馬記念と聞けば、多くのファンがそこに「あの」という枕詞を導くほどに、その走りは日本競馬の「伝説」になった。

翻《ひるがえ》って、「神話」とは何か。それを考えるときに、アメリカの比較神話学者であるジョーゼフ・キャンベルが語った、「神話」についての一節は示唆に富む。

「神話は、なにがあなたを幸福にするかは語ってくれません。しかし、あなたが自分の幸福を追求したときにどんなことが起こるか、どんな障害にぶつかるか、は語ります」

いまこの瞬間を生きる我々に、「どう生きるべきか」を諭してくれるのが、「神話」だとするならば、93年の有馬記念は、キャンベルが語った意味での「神話」そのものと言える。

キャンベルはまた、世界各国の民族が持つ「神話」の中に、ある一つの決まった形があることを明らかにした。「旅立ち→通過儀礼→帰還」というその類型は、「英雄の旅」と呼ばれ、ジョージ・ルーカスが映画『スター・ウォーズ』の脚本の参考にしたことで知られる。トウカイテイオーの足跡は、日本競馬に授けられた「神話」の一つであり、またそれはキャンベルが示した「英雄の旅」そのものでもあった。

トウカイテイオーは、日本競馬史上において初の無敗三冠馬となった「皇帝」シンボリルドルフの血を引き、父と同じように無敗で皐月賞、日本ダービーを駆け抜けた。その牝系を見れば、古くは下総御料牧場の牝系に連なり、史上初めて牝馬で日本ダービーを制したヒサトモの血が流れている。

3歳（旧馬齢表記、以下同・現2歳）12月のデビュー当初から、その走りは洗練されていた。父と同じくサラブレッドの本質的な気高さと成熟した精神性を持ち、その容姿の美しさは、パドックを周回するだけで観る者を魅了した。柔らかで軽やかで、それでいて力強く伸びるフットワークは、サラブレッドの理想型のようにも見えた。それは、「皇帝」と称された父と、その牝系から受け継いだ、高貴な血の結晶であったと言える。トウカイテイオーは、生まれながらにして「英雄」であり、その「旅立ち」は誰もが羨む輝かしいものだった。

しかし、日本ダービー制覇のわずか3日後に発覚した左後脚の骨折から、トウカイテイオーの「通過儀礼」は始まる。エリート街道を歩んできたその旅路は、それまでとは打って変わって、波乱や雌伏、困難、そしてドラマに満ちたものに変貌していく。

10ヶ月ぶりに復帰した産経大阪杯での圧勝。しかし、春の天皇賞ではメジロマックイーンの後塵を拝し、さらに再度の骨折が発覚。復帰した秋の天皇賞では、超ハイペースに巻き込まれて撃沈。それでも次走、ジャパンCでは海外の強豪たちを豪快に差し切った。そして暮れの有馬記念でメジロパーマーに逃げ切られての大敗、そのレース中に負傷。宝塚記念で復帰を期したが、その直前に三度目の骨折が判明し、失意の休養。

何度も何度もトウカイテイオーと陣営に繰り返される苦難は、そのまま我々が生きる中で起こる困難にも重なる。

「神話」とは、いまこの瞬間を生きる我々に、「どう生きるか」を諭してくれる、と先に述べた。トウカイテイオーが、度重なる苦難に何度も何度も立ち向かう姿は、私たちが歩くための道筋を照らしてくれる。無敗でクラシック二冠を制した実績ならば、常に種牡馬入りも選択肢に入る。しかし、トウカイテイオーとその陣営は、調整を続けた二風谷《にぶだに》を吹く風のなかに、あるいは鹿児島の砂浜を照らす陽射しの中に、確証のない未来を信じ続けた。

我々は生きる中で、何度も困難にぶつかる。その度に人の縁に助けられ、メンターに導かれ、大切な存在に愛され、あるべき場所へと帰還する。そして、また新たな地へと旅立って行く。トウカイテイオーの旅路は、螺旋階段のように繰り返される「英雄の旅」そのものであり、それはまた、私たちが自らの生を全うするために重要なものを教えてくれる。

1年ぶりの出走となった、93年の有馬記念。最後の直線、ビワハヤヒデに馬体を併せて競り落とす姿は、かつて無敗でクラシック二冠を制した時代の優美さや完璧さというよりも、執念と泥臭さの入り混じった、不屈の魂とも言うべき鈍い光を放っていた。確かな熱を帯びたその光は、トウカイテイオーのもう一つの本質でもあり、それは私たちが困難や絶望から立ち上がろうとするときに、必ず芽生えるものでもある。

「色々なアクシデントがありましたからね…それを克服してね、本当に今までの中央競馬の常識を覆すね、本当に彼自身の勝利です。本当にすごい馬です」

騎乗した田原成貴騎手の勝利後のコメントが、トウカイテイオーの偉大さを物語っていた。

本書は、そんなトウカイテイオーの足跡について、語り尽くしたい。

トウカイテイオーが歩んできた、「英雄の旅」。それはきっと、あなたが真に自分自身の人生を歩むときに起こることを、あますところなく教えてくれる。


（大嵜直人）

引用：『神話の力』（ジョーゼフ・キャンベル＆ビル・モイヤーズ著、飛田茂雄訳、ハヤカワ・ノンフィクション文庫、2010年）より

1年ぶりの有馬記念を制覇。
三度の故障を克服した名馬のラスト伝説。

目次

第二部 同時代ライバルと一族の名馬たち

写真/フォトチェスナット、日刊スポーツ新聞社
産経新聞社

本書中の表記は2023年5月現在のものです。

第一部　トウカイテイオーかく戦えり

シンボリルドルフのダービー制覇から7年。父と同じ「無敗ダービー馬」の称号を手に。

世紀の大一番

栄光と挫折のドラマを繰り返し、
われらの時代に現れた特別な馬——
その蹄跡は奇跡へと続いていた！

世紀の大一番
1

第58回 1991年5月26日

日本ダービーGI

2着馬を3馬身突き放す楽勝劇
史上初の「8枠優勝」で無敗二冠馬に

1991年のダービーウイークは、ほとんどのスポーツ新聞がトウカイテイオーを取り上げていた。皐月賞を制して5戦無敗。「父シンボリルドルフと同じく無敗での二冠制覇」が確実視され、ファンの期待を一身に背負った。

当時競馬雑誌の編集を目指していた私も、競馬を好きになったシンボリルドルフの仔であるテイオーが勝つと信じて疑わなかったが、発表された枠順を目にして心が揺れた。

これまで優勝馬を出したことがない8枠を引いたのだ。

昭和の日本ダービーは毎年28頭前後が出走しており、最多は53年の33頭。6年前にシリウスシンボリが勝った際も26頭が出走していた。91年は20頭と、過去と比べて少なかったが、やはり大外は不利だと感じてならなかった。

父ルドルフは4枠10番から楽勝したが、テイオーの枠順は「父の倍」もある。

「最悪の枠だな」とコース適性を重視するNが言えば、「また大外か。これは勝つよ」とサイン派のSは反論をする。当時はタカモト式などのサイン馬券が流行しており、「大レースで1番人気を大外に持ってくるのも、馬券を売りたいがためだ。これまで8枠馬が勝ったことはないからテイオーの単勝はお買い得だ」とSは付け加えた。

過去5戦、トウカイテイオーは2着馬を突き放していた。5番手前後を走りながら上がりは常に上位。上がりタイムが3位だった皐月賞でも2着に1馬身差をつけており、能力の違いは断然だった。ライバルと目された3歳王者のイブキマイカグラは骨折により出走を回避。テイオーを破りそうな強敵は見当たらなかった。

単勝オッズ1・6倍は、父シンボリルドルフの1・3倍に次ぐ高い支持率だった（テイオー以降はディープインパクト1・1倍、ナリタブライアン1・2倍、コントレイル1・4倍と3頭が上回っている）。

日本ダービーは「運のいい馬が勝つ」と言われているが、平成以降の優勝馬を見ると「もっとも強い馬が勝つ」レースに変わった気がする。出走頭数が昭和より10頭前後も減り、「ダービーポジション」（1コーナー10番手以内）という言葉は昔ほど言われなくなった。展開や位置取りによる不利は昔より減っている。

個人的見解だが、500m以上もある長い直線を走り切るスタミナ＝心肺能力がもっとも高い馬が勝つレースだと感じており、そのきっかけはこの年のトウカイテイオーだった。

「もっとも強い馬が勝つ」と感じさせてくれた最初の馬である。

レース前のパドックで目にした安田隆行騎手の顔つきから緊張感は感じられなかった。あくまで私感だが「普段と変わらぬ表情」であり、「テイオーがダービー馬になる」という予想はさらに深まった。

それまでローカルを主戦場としていた安田騎手は「小倉の安田」と称され、小倉開催45週連続勝利という記録も樹立したが、GIレースではほとんど目にしない存在だった。玄人好みとも言われるいぶし銀的な騎手がテイオーに出会ったことで自信が芽生えたのか、前年は自己最高の83勝をマーク。「僕を表舞台に連れて行ってくれたテイオーは、僕の人生のすべてだった」と述懐している。

大外からスタートし、ハナを切ったアフターミーから7馬身ほど後方に位置したテイオーは内ラチから3頭分ほど外目を回った。前半1000m通過61秒3と先行勢に有利な流れの中、4コーナー手前でピッチを上げ始めた。直線に入っても鞍上・安田騎手は手綱を持ったままで、残り400mを切りムチを1、2発入れるとギアがトップに入り、テイオーは後続を突き放す一方。

2着レオダーバン（同年菊花賞馬）に3馬身差と、文字通りの圧勝劇だった。

勝つとは思っていたものの、想像以上の楽勝ぶりに驚かされ、しばらく言葉が出なかった。

3馬身差の楽勝。ゴール前でもムチを使ったが、そのムチはテイオーを走らせるより、安田騎手の嬉しさが表れたように感じた。1頭だけ別次元の勝ち方だった。

ダービーにおける2着との着差を見ると、最大着差はセントライトとオートキツの8馬身。筆者が目にした最大の楽勝はメリーナイスの6馬身差。後のディープインパクトやナリタブライアンは5馬身、テイオーの翌年の優勝馬だったミホノブルボンも4馬身と楽勝だったが、これらの一流馬に勝るとも劣らない内容であり、ゴール前は余力しか感じられなかった。

鞍上の安田騎手は「テイオーに勝たせてもらいました。ゴーサインを出して一緒に走ろうと伝えました」とレース後に語った。

前年のアイネスフウジン&中野栄治騎手のコンビと同じく、苦労を乗り越えて花が開いた騎手に対し、場内からは「安田コール」が起こった。

なお、日本ダービーで8枠馬が勝ったのはトウカイテイオーが史上初であり、最大頭数が18頭に定められた以降はナリタブライアン、サニーブライアン、ジャングルポケット、ワグネリアンの4頭が制している。また20番以降の馬番では、昭和30年以降で見ると77年ラッキールーラ（24番）、73年タケホープ（21番）に次ぐ優勝馬番だった。

内枠と比べて走行距離が増える大外枠からゲートを出て2着馬を3馬身も突き放す。数値や内容には示されない、テイオーの圧勝劇だった。

（小川隆行）

「1頭だけ別次元」──2着を突き放した豪快な勝利にファンは酔いしれた。

「本気で走っていたら何馬身差だったか」──余裕を感じる圧勝劇

大外からスタートしたテイオーは6番手=絶好位をキープしながらレースを進めた。3コーナーを過ぎて緩やかに進出すると、4コーナーでは大外に持ち出して早くも3番手。他馬が懸命に追われる中、テイオーの手綱は緩んだまま。残り400mを過ぎてムチが数発入ると後続との差は広がる一方。ゴール前で手綱が緩むほどの楽勝劇は2着レオダーバンに3馬身差、文字通りの圧勝だった。

トウカイテイオー **世紀の大一番 1**

1991年5月26日

第58回 日本ダービーGI

東京　芝左　2400m　4歳オープン　晴　良

レース結果

着順	枠番	馬番	馬名	性齢	斤量	騎手	タイム	着差	人気
1	8	20	トウカイテイオー	牡4	57	安田隆行	02:25.9		1
2	5	11	レオダーバン	牡4	57	岡部幸雄	02:26.4	3	2
3	5	13	イイデセゾン	牡4	57	柴田政人	02:26.6	1.1/4	4
4	5	12	コガネパワー	牡4	57	田原成貴	02:26.8	1.1/4	7
5	6	14	ソーエームテキ	牡4	57	的場均	02:26.8	ハナ	5
6	3	7	ワンモアライブ	牡4	57	角田晃一	02:27.1	1.3/4	13
7	7	17	タイコンチェルト	牡4	57	楠孝志	02:27.2	3/4	11
8	1	2	シャコーグレイド	牡4	57	蛯名正義	02:27.4	1.1/2	3
9	1	1	イイデシピア	牡4	57	田面木博公	02:27.5	1/2	15
10	7	18	ホクセイシプレー	牡4	57	須貝尚介	02:27.6	1/2	20
11	4	10	カミノスオード	牡4	57	田中勝春	02:27.7	1/2	9
12	6	15	イイデサターン	牡4	57	河内洋	02:27.9	1.1/2	12
13	4	9	ロングタックル	牡4	57	南井克巳	02:28.0	クビ	16
14	6	16	イブキノウンカイ	牡4	57	村本善之	02:28.3	2	8
15	4	8	ビッグファイト	牡4	57	小島太	02:28.4	クビ	14
16	2	4	セトホーライ	牡4	57	郷原洋行	02:28.6	1.1/2	10
17	7	19	ツルマルモチオー	牡4	57	石橋守	02:28.7	1/2	19
18	3	6	アフターミー	牡4	57	蓑田早人	02:29.3	3.1/2	18
19	3	5	シンホリスキー	牡4	57	武豊	02:30.0	4	6
20	2	3	レオサイレンス	牡4	57	増沢末夫	02:31.1	7	17

世紀の大一番2

第12回 1992年11月29日

ジャパンカップGI

春秋天皇賞連敗後の復活劇 岡部騎手が見せたガッツポーズ

6連勝で二冠馬となったトウカイテイオーだったが、ダービー直後に全治6ヶ月の故障を発症、無敗三冠馬の夢は絶たれた。主役不在の菊花賞では日本ダービーで3馬身離したレオダーバンが勝利。テイオーは10ヶ月後、復帰初戦の産経大阪杯を楽勝する。このときの楽勝ぶりは「三冠馬になれた」と思わされるほどの圧倒的な強さだった。

しかし、春の天皇賞で5着と初めて敗れると、二度目の骨折を発症。半年後の天皇賞では初めて掲示板を外した。古馬初戦の産経大阪杯でコンマ7秒も離したホワイトストーンと同タイムの7着。展開のアヤはあったにせよ、少なくとも、連勝当時の力強さは感じられなかった。

「テイオーは終わってしまったのか」——私を含めた多くのファンが半信半疑のまま、ジャパンCを迎えた。

1番人気は［6・1・0・0］と連対率100%の英国馬ユーザーフレンドリー。英オークス、愛オークス、ヨークシャーオークス、英セントレジャーと海外GIを4連勝後、前走の凱旋門賞をクビ差2着。全欧年度代表馬となったこの牝馬は53キロの斤量である。

これに次ぐのがニュージーランド産のナチュラリズム。過去21戦［9・5・1・6］で、掲示板を外したのは3回のみ。同国産のレッツイロープ（GI4勝）、フランス産ディアドクター（GI1勝）。さらには2年前の英ダービー馬クエストフォーフェイムと同年の英ダービー馬ドクターデヴィアスも参戦するなど「外国馬は史上最強」と言われた。この背景に、競馬の国際化にこだわったJRAの意地もあった。

史上最高のメンバーが揃ったこともあり、テイオーの単勝オッズは10倍まで落ちている。

7年前に父シンボリルドルフが日本馬として2頭目のジャパンC制覇を果たして以降、日本馬の優勝はなかった。その翌年は皐月賞と菊花賞を勝ったミホシンザンが3着。3年後は芦毛の名馬タマモクロスが2着でオグリキャップが3着、4年後はオグリキャップが世界レコード（2分22秒2・現在はアーモンドアイの2分20秒6）の2着と健闘するも、ホーリックスにクビ差届かなかった。この3頭以外の日本馬好走はなかった。

これに加えて、トウカイテイオーに過去の強さが見られない。状態が下降しているのは誰の目にも明らかであり、加えてこれまでにない強敵が相手だ。

ただ、いくつかの光明もあった。トウカイテイオーが制した日本ダービーの勝ち時計2分

25秒9は、それまでのダービー史上2番目の好タイムだった。父のルドルフもダービーと同コースのジャパンCでは3着と1着。

当時、東京2400mの4歳（現3歳）&古馬GⅠレースを制した名馬はルドルフのみだったが、後にスペシャルウィーク、ジャングルポケット、ディープインパクト、ウオッカ、ブエナビスタ、ジェンティルドンナ（2勝）、アーモンドアイ（2勝）、コントレイルが制している通り、ダービー&オークス馬にとって同コース同距離のジャパンCはプラス材料だ。

それでも、全盛期の力が失われているのは誰の目にも明らかで、「さすがに勝てない」と感じた競馬ファンは、テイオーの支持率を大きく下げた。

パドックで目にしたテイオーは、前走の天皇賞とさほど変わらない感じもした。「好調期の状態にはない」と感じた私は、ユーザーフレンドリーからの馬連を勝負して、テイオーの単勝を応援馬券として買った。一緒にいたトラックマンも「外国馬のほうがよく見える」とつぶやいていた。

大外14番枠から好スタートを切ったテイオーは5番手につけた。位置取りとして悪くはないが、前走の天皇賞でも3番手を進み後続勢に差されている。前半1000m通過は60秒3。前走の57秒5より3秒近くスローであり、この展開は前の2頭を見ながらレースを進めるユーザーフレンドリーに有利だ、と感じた。

先頭のレガシーワールドが直線に入った瞬間、ユーザーフレンドリーが同馬を射程圏内に入れた。しかし、前半から折り合いが悪く早くも押し出すユーザーフレンドリーを左に見ながら、外を走るトウカイテイオーは持ったまま。内のナチュラリズムが追い始めた直後、追い出したテイオーは頭一つ抜け出した。「テイオー行け!」と多くのファンが叫ぶ中、テイオーは先頭でゴールイン。勝つときは常に1頭抜きん出てきたテイオーは、初めて追い比べを制して見せた。

普段は冷静な岡部幸雄騎手も、珍しく両手を挙げて喜びをあらわにした。道中の手応えから下した「勝てる」「いける」との判断が的中した嬉しさだったのかもしれない。

テイオーは日本馬3頭目のジャパンC優勝を達成した。勝ちタイム2分24秒6は、重馬場としては優秀な時計であり、前年(良馬場)の優勝馬ゴールデンフェザントの勝ち時計とコンマ1秒しか違わない。勝因を挙げるとすれば、テイオーの持つ底力だろう。「本来のデキにはない」状態で、並み居る強豪馬を破ってしまった。その勝ち方は美しく、テイオーのファンをまたも引き寄せた。「日本馬は外国馬に劣らない」と感じたファンも多かったはずだ。

翌年以降、レガシーワールドとマーベラスクラウンがこのレースを制し、10年後には日本馬の独壇場となっていく。

ジャパンCの歴史のターニングポイントとなったレースでもあった。

(後藤豊)

連敗もなんのその。世界の強豪馬を一蹴した名馬の復活「VOL.1」。

冷静な岡部騎手がガッツポーズ。連敗からの復活劇

前走の天皇賞7着で人気を落としたテイオーだったが、大外14番発走から6番手につけた。1年半前のダービーを思わせる位置取りからのレースぶりで、前を走る1番人気ユーザーフレンドリーが進出を開始した直後に仕掛けた。ユーザーフレンドリーが懸命に追う横で、テイオーはまだ追わず。残り200mを切って岡部幸雄騎手が追うと、前を走るナチュラリズムにクビ差先着。過去2戦とはまるで別馬のような復活劇だった。

1992年11月29日
第12回 ジャパンCGI

東京　芝左　2400m　4歳以上オープン　晴　重

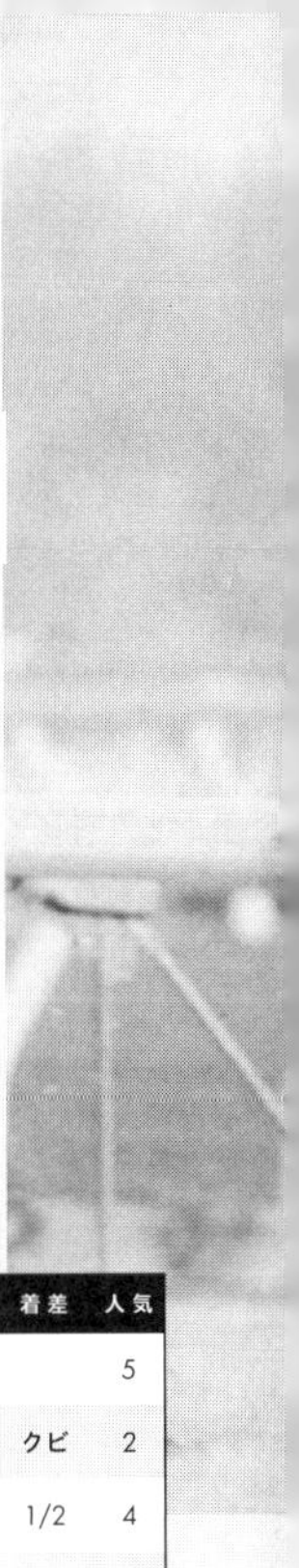

レース結果

着順	枠番	馬番	馬名	性齢	斤量	騎手	タイム	着差	人気
1	8	14	トウカイテイオー	牡5	57	岡部幸雄	02:24.6		5
2	5	7	ナチュラリズム	牡5	57	L・ディットマン	02:24.7	クビ	2
3	6	9	ディアドクター	牡6	57	C・アスムッセン	02:24.8	1/2	4
4	4	6	レガシーワールド	セ4	55	小谷内秀夫	02:25.4	3.1/2	10
5	8	13	ヒシマサル	牡4	55	武豊	02:25.5	3/4	8
6	1	1	ユーザーフレンドリー	牝4	53	G・ダフィールド	02:25.6	3/4	1
7	6	10	レッツイロープ	牝6	55	D・ビードマン	02:26.3	4	3
8	3	4	レッツゴーターキン	牡6	57	大崎昭一	02:26.6	1.3/4	11
9	2	2	イクノディクタス	牝6	55	村本善之	02:26.7	クビ	14
10	4	5	ドクターデヴィアス	牡4	55	C・マッキャロン	02:26.7	ハナ	7
11	7	11	クエストフォーフェイム	牡6	57	P・エデリー	02:26.8	クビ	6
12	5	8	ヤマニングローバル	牡6	57	河内洋	02:26.8	ハナ	12
13	3	3	ヴェールタマンド	牡5	57	D・ブフ	02:27.0	1.1/2	9
14	7	12	ハシルショウグン	牡5	57	鈴木啓之	02:27.5	3	13

世紀の大一番3

第38回 1993年12月26日

有馬記念GI

光り輝いていたパドックの状態 競馬史に刻まれた「1年ぶりの優勝」

メジロデュレン、オグリキャップ、イナリワン、ダイユウサク、メジロパーマーなど、昭和末期から平成初期にかけての有馬記念は「全盛時の力がない」「終わった」と思われた馬の復活が多かった。「中山コースの特殊性にある」と言われたりもしたが、コーナーを6回も回るため、ある種の器用さも有馬記念を制するのに必要な要素であるのは確かだ。

もう一つ「ジャパンCとの連闘が難しい」とも囁かれた。父のシンボリルドルフが両レースを勝って以降、連勝をした馬は出ていない。前年1番人気に推されたトウカイテイオーも11着に敗れている。皐月賞とダービーを勝つも、古馬になりGIは4戦1勝で3回は着外。父シンボリルドルフは有馬記念を連覇したが、息子のトウカイテイオーは1年ぶりのレースであり、私を含めた馬券ファンは、こうした不安を重視した。

さらに、例年以上に強敵が揃っている。前走で菊花賞を制したビワハヤヒデは、過去10戦で一度も連対を外していない。鞍上はトウカイテイオーを良く知る岡部幸雄騎手であり、中山コースも3戦オール連対。1番人気に推される材料は揃い過ぎていた。

2番人気は前走でジャパンCを制したレガシーワールド。中山ではセントライト記念を勝っており、前年の有馬記念もハナ差2着に好走している。こちらも未勝利戦を勝って以降、3着を外したのは4歳時（現3歳）のジャパンCのみだった。

2頭に次ぐウイニングチケットはダービー馬であり、秋も菊花賞・ジャパンCと連続3着、中山コースは4戦3勝、地力はトップクラスである。

この3頭に加え、菊花賞と春の天皇賞を勝っているライスシャワーや牝馬二冠馬ベガ、前年覇者のメジロパーマー、前走を叩いた朝日杯の覇者エルウェーウィンとGⅠ馬8頭が参戦。GⅠ未勝利も2年連続3着のナイスネイチャを含め前年の上位3頭が揃って出走している。レース前は「どの馬からも行ける」と思えてならなかった。

そんな中、GⅠ3勝を挙げているトウカイテイオーの実績はトップだったが、ターフを駆けるのは前年の有馬記念以来である。

11着に惨敗して以来、1年ぶりの出走。6年前に菊花賞を制したサクラスターオーは皐月賞以来、半年ぶりに出走した菊花賞のレース中に負担がかかったのか、次走の有馬記念でレース中に競走を中止。5ヶ月後に安楽死処分がとられている。

この件が脳裏をよぎり「大丈夫だろうか」との不安がぬぐい切れなかった。

1年ぶりの出走でGIを制した馬など競馬史上で類をみない。近年は調教設備の充実もあり休養明けでGIを勝利する馬も珍しくはないが、それでも半年前後がほとんど。「1年ぶり」など目にしたことがない。

中山競馬場のパドックを注視すると、テイオーはオーラを出していた。歩様も全盛時と変わりなく、毛づやもよく見える。特に後肢の踏み込みが出走馬の中で一番よく、独特だった繋《つなぎ》の柔らかさも目に飛び込んできた。

「馬体はできている感じがする」と一緒に見ていたトラックマンに語ると、彼も「いいときと変わらない。けれど、1年ぶりで当時と同じように走れるかなぁ」と半信半疑だった。テイオーの鞍上だった岡部騎手がテイオー騎乗の打診を断りビワハヤヒデを選択したのも不安に輪をかけた。過去の例では「無理だ」、パドックでのオーラは「行ける」。相反する二つの思いが頭を駆け巡った。同じように感じた人も少なくなかっただろう。

ゲートが開くと、昨年と同じくメジロパーマーが大外からハナを切った。その直後にトウカイテイオーがつける。昨年は後方ママだったが、今年は走る気に満ち溢れている。「いいときのテイオーだ」と感じさせてくれた。鞍上の田原成貴騎手はそのまま手綱を緩め、他馬を前に行かせて8番手をキープ。「ゴール前での末脚」に懸ける騎乗だ。

3コーナー手前で1番人気ビワハヤヒデが動くと、3馬身ほど後方にいたテイオーも動き始めた。直線に入ると前が開き、右斜め前を走るビワハヤヒデに馬体を併せる。気が付けば2頭のマッチレース。「まじか！」と感じた私は奇跡を目にしたく「テイオー！」と叫んだ直後、名馬は半馬身ほど先にゴールを駆け抜けた。

場内の歓声はものすごかった。前のオヤジは「うぉぉぉぉ！」と叫び、隣にいた女性は「テイオー！」と叫びながら涙を流している。一緒に見ていたトラックマンも「すごい、すごすぎる！」と絶叫している。つられた私も目がうっすらと滲んだ。

ギャンブル派の私であるが、こうした奇跡、そして感動を見られるのも競馬の醍醐味である。

父シンボリルドルフに次ぐ有馬記念親仔制覇は史上初だった（その後ディープインパクトとジェンティルドンナ、キタサンブラックとイクイノックスが達成）。「展開や騎乗内容より、競馬の常識を覆した彼自身の勝利です」と鞍上の田原騎手が語った通り、底力を見せつけたトウカイテイオーのラストラン。奇跡の復活、と多くの人が語った通りドラマチックなレース内容だった。

（小川隆行）

日数	馬名	レース名
363日	トウカイテイオー	有馬記念（93年）
231日	トゥザヴィクトリー	エリザベス女王杯（01年）
216日	ダノンキングリー	安田記念（21年）
202日	サクラスターオー	菊花賞（87年）
167日	モーリス	マイルCS（15年）
160日	ファビラスラフイン	秋華賞（96年）
153日	イクイノックス	天皇賞・秋（22年）
153日	エフフォーリア	天皇賞・秋（21年）

長期休養明けの平地芝GI勝利記録（150日以上）

364日ぶりのターフで復活＝競馬史に刻まれたドラマチックな勝利。

位置取りを下げる
余裕のレース運びで
１年ぶりのレースを快勝

大敗した前年の有馬記念から1年が過ぎた休養明けだが、パドックは光り輝く馬体で、馬場入り後の返し馬も抜群のデキ。「奇跡が起こるかもしれない」と感じた通り、絶好のスタートを切ったテイオーは当初2番手だったが、最初のコーナーで位置取りを下げた。8番手でレースを進め、最後のコーナーでは前の3頭を見るように4番手に進出、直線で追われると先頭でゴールイン。文字通り「奇跡の走り」だった。

トウカイテイオー 世紀の大一番 3

1993年12月26日

第38回 有馬記念GI

中山　芝右　2500m　4歳以上オープン　晴　良

レース結果

着順	枠番	馬番	馬名	性齢	斤量	騎手	タイム	着差	人気
1	3	4	トウカイテイオー	牡6	56	田原成貴	02:30.9		4
2	8	13	ビワハヤヒデ	牡4	55	岡部幸雄	02:31.0	1/2	1
3	7	12	ナイスネイチャ	牡6	56	松永昌博	02:31.6	3.1/2	10
4	5	8	マチカネタンホイザ	牡5	57	柴田善臣	02:31.6	アタマ	13
5	6	9	レガシーワールド	セ5	57	河内洋	02:31.7	クビ	2
6	8	14	メジロパーマー	牡7	56	横山典弘	02:31.9	1.1/4	9
7	2	2	セキテイリュウオー	牡5	57	田中勝春	02:32.1	1	7
8	4	6	ライスシャワー	牡5	57	的場均	02:32.1	クビ	5
9	3	3	ベガ	牝4	53	武豊	02:32.3	1.1/4	6
10	4	5	ウィッシュドリーム	牡5	57	藤田伸二	02:32.3	クビ	11
11	7	11	ウイニングチケット	牡4	55	柴田政人	02:32.6	2	3
12	1	1	エルカーサリバー	牝5	55	蛯名正義	02:33.1	3	14
13	6	10	エルウェーウィン	牡4	55	南井克巳	02:34.7	10	8
14	5	7	ホワイトストーン	牡7	56	田面木博公	02:34.8	クビ	12

「帝王」が日本競馬の常識を覆した！

第38回 有馬記念 GI

芝2500m
1993年12月26日（日）
中山9R

古馬と初対戦の旧4歳から7歳まで幅広い世代が集結。GI馬8頭が出走の華やかな一戦に。

穴党も認めた1番人気ビワハヤヒデ。前走で菊花賞を制すなど勢いは断然、不安な要素は少なかった。

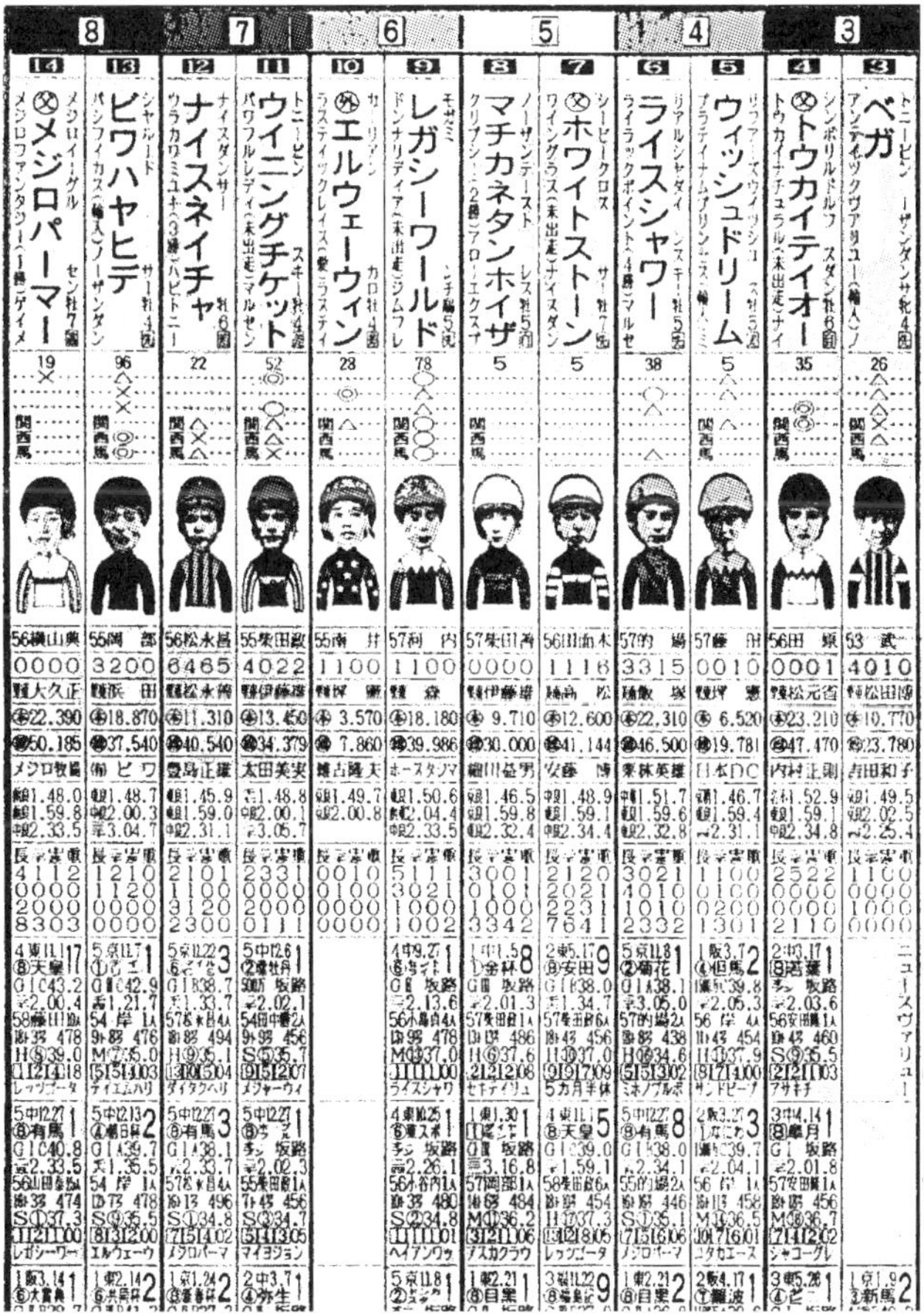

枠	馬番	馬名	父	母（母の父）	性齢	印点	斤量・騎手	成績	厩舎	賞金	賞金	馬主
8	14	㊄メジロパーマー	メジロイーグル	メジロファンタジー（1勝）ゲイメ	セン牡7	19	56横山典	0000	大久正	22.390	50.185	メジロ牧場
8	13	ビワハヤヒデ	シャルード	パシフィカス（輸入）ノーザンダン	牡4	96	55岡部	3200	浜田	18.870	37.540	(有)ビワ
7	12	ナイスネイチャ	ナイスダンサー	ウラカワミユキ（3勝）ハビトニー	牡6	22	56松永昌	6465	松永善	11.310	40.540	豊島正雄
7	11	ウイニングチケット	トニービン	パワフルレディ（未出走）マルゼン	牡4	52	55柴田政	4022	伊藤雄	13.450	34.379	太田美實
6	10	㊇エルウェーウィン	カーリアン	ラスティックレイス（愛）ラスティ	牡4	28	55南井	1100	坪憲	3.570	7.860	雑古隆夫
6	9	レガシーワールド	モガミ	ドンナリディア（未出走）ジムフレ	セン5	78	57河内	1100	森	18.180	39.986	ホースタジマ
5	8	マチカネタンホイザ	ノーザンテースト	クリプシー（2勝）アローエクスプ	牡5	5	57柴田善	0000	伊藤修	9.710	30.000	細川益男
5	7	㊄ホワイトストーン	シービークロス	ワインググラス（未出走）ナイスダン	牡7	5	56田面木	1116	高松	12.600	41.144	安藤博
4	6	ライスシャワー	リアルシャダイ	ライラックポイント（4勝）マルゼ	牡5	38	57的場	3315	飯塚	22.310	46.500	栗林英雄
4	5	ウィッシュドリーム	リファーズウイッシュ	プラティナムプリンセス（輸入）ミ	牡5	5	57藤田	0010	坪憲	6.520	19.781	日本DC
3	4	㊄トウカイテイオー	シンボリルドルフ	トウカイナチュラル（未出走）ナイ	牡6	35	56田原	0001	松元省	23.210	47.470	内村正則
3	3	ベガ	トニービン	アンティックヴァリュー（輸入）ノーザンダンサ	牝4	26	53武	4010	松田博	10.770	23.780	吉田和子

〈レース展望〉

クラシックホース5頭集結の豪華メンバー。菊花賞馬ビワハヤヒデとジャパンC優勝馬レガシーワールド＝ＧＩ優勝直後の2頭に重い印が集まった。これに続くのはダービー馬ウイニングチケット。実績は断然だったトウカイテイオーだが、「1年ぶりでは…」「昨年は負けすぎ」との低評価から無印にする記者も多かった。

テイオーだ! テイオーが来た!

「ひるむな 沈むな」と叫びながら、1年ぶりのトウカイテイオーが目の前を突っ切って行った――

半馬身抜け出したテイオーの奇跡的な勝利。劇的な瞬間を目にした観客は誰も彼もがヒートアップ。これぞ競馬の醍醐味だった。

〈払い戻し〉

	馬　番	配　当	人　気
単　勝	4	940	4
複　勝	4	470	8
	13	140	1
	12	450	7
枠　連	3-8	960	4
馬　連	4-13	3290	11

4番人気となったテイオーの単勝は940円。対して複勝は470円。テイオーの復活を祈ったファンが多かった。

〈勝敗の分かれ目〉

連覇を狙った逃げ馬メジロパーマーが展開のカギ。前年はノーマークで逃げ残れたが、この年は有力馬からマークされる存在となり、後方各馬の仕掛けは早め。「有力馬が早めに動く」と予想した鞍上の田原成貴騎手は、好スタートから8番手に控え追い出しも遅め。「末脚に懸ける騎乗」が感動的なシーンの要因となった。

競馬パーソナリティー 鈴木淑子さん

いくつもの夢を叶えてくれた名馬トウカイテイオーの思い出

トウカイテイオーがデビューした頃と言えば、売り上げが右肩上がりで若いファンも増えるなど競馬界が盛り上がってきた真っ只中。私も競馬番組の企画やイベント司会などで騎手や関係者の方々にトウカイテイオーのお話を聞く機会がありました。いくつもの夢を叶えてくれた名馬トウカイテイオーは忘れられない名馬です。

1980年代の競馬場と言えば、雨が降ると黒や紺、茶色の傘と、男性ばかりの空間。それが、オグリキャップや武豊騎手、松永幹夫騎手というスターの登場により、女性ファンやカップル、さらには家族連れも見られるように。トウカイテイオーが登場したのは、JRAが長きにわたって目指していた「楽しさは一家そろって中央競馬」（競馬場備え付けの湯飲みにもそう書かれていました）という競馬の楽しみ方が広まっていった過渡期のことでした。

まだ東西の競馬が明確に分かれていた時代でもありましたが、評判は聞こえてくるもの。3歳（現2歳）王者の関東馬リンドシェーバーを破り関西馬イブキマイカグラが勝利した弥生賞の後も、関東のファンたちは「西にはもっとすごい馬がいるらしい…」「トウカイテイオーという馬がとんでもない強さらしい…」と、噂の超大物との対面を心待ちにしていました。

トウカイテイオーの関東初見参はその2週間後、中山競馬場での若葉S。メインでは重賞のダービー卿チャレンジTが開催される日でしたが、若葉Sの方が注目されていたような気がします。そしてパドックの時点で「なんだ、この繋《つなぎ》の柔らかさは!?」と衝撃が走ります。繋にバネがあり可動域が他馬と全く異なるため、周回する際に蹄が刻むリズムですら、「ぱこ、ぱこ…」という通常のものとは違う「ぱこーん、ぱこーん」という独特なものでした。

本馬場に入場し向正面まで流してからピタッと止まると、なんとトウカイテイオーが、私の担当するフジテレビ競馬中継のテレビカメラの場所がまるで分かっているかのように、カメラへ視線を送ってくれたのです。その姿に「この馬は天性のスターだ！」と驚嘆しました。美しい流星、風にたなびくフサフサの前髪…。まるで漫画『巨人の星』の花形満のような格好の良さ。この日初めて競馬を見た人から、オールドファン、競馬関係者まで、誰もが直感的に「カッコイイ〜」と思ったはずです。それほど、抜群の容姿をしていました。そして2馬身差の完勝。多くの競馬ファンの心をガッチリ摑み、皐月賞の本命に躍り出たのです。

トウカイテイオーは、日本ダービーまで実に強かった。残念ながら骨折により「無敗の三冠馬から無敗の三冠馬を」という願いは叶わなかったものの、史上初の「無敗のダービー馬から無敗のダービー馬誕生」という素晴らしいシーンを見せてくれました。今よりも内国産種牡馬が強い馬を出してくれることがファンの楽しみだった時代。それを、七冠馬シンボリルドルフが初年度産駒からこれほどの馬を出してくれるとは…。しかも、皐月賞の2着は、ミスターシービー産駒のシャコーグレイド。シンザン以来19年ぶりに誕生した三冠馬ミスターシービー、その翌年に続けて誕生した三冠馬シンボリルドルフ。奇跡のような時代を彩った2頭の三冠馬の産駒がワンツーというドラマに感激しました。

翌年休養明けの産経大阪杯では、鞍上がそれまでコンビを組んでいた安田隆行騎手が調教師を目指すため、岡部幸雄騎手にバトンタッチされます。そこで選ばれたのがシンボリルドルフとコンビを組んでいた岡部騎手というのも劇的だなと感じたものです。岡部騎手自身も、初めて追い切りに乗った時「地の果てまで走って行きそう…」と語ったように、この馬への思い入れは相当なものだったのではと思います。産経大阪杯を優勝し、見事に復活を遂げたものの、天皇賞（春）ではメジロマックイーンに敗れ、放牧明けの天皇賞（秋）でも7着。

もどかしい思いが続いただけに、ジャパンCでの復活劇はそれはもう衝撃的な喜びでした。岡部騎手も、おそらく自らの手で、シンボリルドルフの息子を復活勝利へと導き、初めてジャパン

C父仔制覇を果たせたうれしさがあったのではないでしょうか。大きなレースで勝利してもガッツポーズをせず馬の無事を最優先する冷静な岡部騎手が、豪州代表のナチュラリズムとの叩き合いを制してゴールすると同時にガッツポーズをされたのです。勝利した翌週にインタビューをした際には「あの歓声は今まで経験したことがないほどのもの。大きな壁が自分の方に押し寄せてくるような感じだった」と興奮気味に仰っていました。

ゴールの瞬間を前から見ると、ガッチリしているナチュラリズムに比べ、スラリとしてやや薄く見えるトウカイテイオーに対して、「あなた、どこにそんな力を秘めていたの」と、改めて驚嘆しました。

有馬記念では田原成貴騎手にスイッチして11着。その後またもや骨折、休養。結果的にラストランとなる翌年の有馬記念3日前、「有馬記念フェスティバル」というイベントで田原騎手にインタビューする機会がありました。「トウカイテイオーが真っ先にゴールに飛び込む時はどんな時でしょうか？」という問いに対して、田原騎手は「中央競馬史上のすべての常識を覆す時です」と回答。私が「ぜひ、覆して欲しいですね！」と言うと、会場からは大きな拍手が沸き起こりました。多くのファンにとって、トウカイテイオー復活は一つの夢になっていたのです。

私も、イベントでの田原騎手のその言葉で心が決まり、トウカイテイオーに常識を覆して欲しいと、新聞の予想欄で本命にしました。大勢いる競馬メディア関係者で、トウカイテイオーを本命にしたのはほんの数名。周囲には「夢見る夢子でなければ打てない印だね」と言われましたが、トウカイテイオーに1年振りというこれまでで最大とも思える苦難に打ち勝ってほしい、そんな祈りにも近い気持ちでした。叶わない夢かもしれないけど、やっぱりこんなに強かったんだというシーンが見たいのだ、と。

そして最後の直線、トウカイテイオーが勢いよく伸びてくる。私は「ほんとうに勝てるのでは！」と心臓が飛び跳ねました。そして先頭を行く岡部騎手騎乗のビワハヤヒデを抜きゴールを目指す姿に「ああ、勝った！」と胸がいっぱいに。それは、多くのファンの夢が叶った瞬間でもありました。

レース後、田原騎手に改めてお話を伺いました。

「能力的には上位でも、勝つことは常識的には考えられないことでした。ですが、返し馬の最初の4完歩ほどで以前のリズミカルな動きを取り戻していると感じ、1年振りに競走する馬という意識を捨て、1年間順調に使い込んできた一流馬とコンビを組んでレースをするのだと、気持ちを切り替えました。少しでも気弱な気持ちを持ってしまったことをトウカイテイオーに詫び、しっかり勝つ、という意識でスタートを迎えました」

そしてゴール板を過ぎてからは、「二人だけの世界に入ってしまった。16万人のあの大歓声すら聞こえなかったくらい心地よい世界だった」そうです。多くの大レースを制してきた名手にとっても、涙するほど格別で特別な勝利だったのでしょう。

トウカイテイオーは闘うということの威厳を教えてくれました。

6代母は日本競馬史上初めて牝馬として日本ダービーを制した名牝ヒサトモ。彼女の産駒の中でたった1頭の娘から細い糸でその血を繋いで生まれたトウカイテイオー。両親から受け継ぐドラマチックな要素が、独特な威厳をかもし出しているのかもしれません。

種牡馬入りしてから様子を見に行くと、トウカイテイオー専用のパドックエリアの内側一周がぐるりと掘られていました。スタッフの方に伺うと、それは「毎日決まった時間に同じところを歩いているためにできた溝で、自分の体型をコントロールしているようです」との説明。少女漫画的な表現を使えば、〝いつまでも王子様でいてくれる、誇り高きスタイリッシュな馬〟なのだなと思いました。

確かに、種牡馬になってからも引き締まった馬体で素敵でしたが、実はその裏で、努力を重ねていたんですね。自らを律し続けている姿に「自分はかっこよくなければ…」という、トウカイテイオーの心の声が聞こえるような気がしました。

最期まで、ファンに夢を届け続けてくれました。

今でも私にとってのベストルッキングホースは、トウカイテイオーです。


（構成・緒方きしん）

新馬・オープン戦&重賞レース

偉大な七冠馬の父の後を追って、
飛ぶように、弾むように走った。
圧勝劇と、自らの脚を傷つけるほどの激走と

1頭だけ別次元——多くのファンが二冠を確信した皐月賞の勝利。

新馬戦

1990年12月1日　中京
芝左　1800m　晴　不良

3歳新馬

皇帝から帝王へ
将来を見据えた一戦ながら見せた完勝劇

新馬戦には多彩な距離、コースがある中で、中京競馬場芝1800mの新馬戦が選ばれたのは、トウカイテイオーにクラシック、ひいては日本ダービーへの布石として、左回りの中距離レースを経験させるため、松元省一調教師の企図したレースプランであったという。

デビューするすべての馬たちにそれぞれの期待や願いが込められるのは言うまでもないが、「皇帝」シンボリルドルフの息子トウカイテイオーには、「帝王」の名にふさわしい活躍が期待され、それは目の前の1戦よりも先の未来まで見据えた壮大なものであった。

当日の正午前、中京競馬場は晴れていたが、11月末に数日間雨が続いた影響で、芝コースの馬場コンディションは不良でレースが行われた。

13頭立ての2番枠からスタートを切ったトウカイテイオーは、外枠から出た馬たちが先行争いに殺到したため、後方5番手から1コーナーに入った。冬を迎えた芝コースは蹄跡が残る荒れた馬場であったが、軽快なフットワークは乱れることなく、インコースをロスなく回り、向正面では馬群のすぐ後ろに追いついた。鞍上の安田隆行騎手は、3コーナー手前で他の人馬が仕掛け始めるのを見て、トウカイテイオーと共に仕掛けて先行馬群に加わった。

トウカイテイオーの前には6頭が走っていたが、コーナーでの走りは、まるでトウカイテイオー自身が勝ち筋を理解しているかのように見えた。まずは3コーナーで内から4頭を交わすと、4コーナーでは逃げ粘るケイワンフラッグ、馬群から抜け出して先頭を目指したカシマトウショウの2頭の外から並びかけて直線に入った。安田騎手がトウカイテイオーの首を押してゴーサインを送ると、後続との差を広げ、外を回って追ってきた2着のカラーガードに4馬身の着差をつけて勝利した。その間、ゴールまで一度も鞭は使われなかった。

余談ではあるが、1991年にトウカイテイオーが皐月賞・日本ダービーを制覇したクラシック以降、9月から年末までの秋競馬で初出走を迎えた競走馬が1頭もクラシックを制覇しなかった年は、2022年クラシック終了までの32年間で一度も無い。

松元調教師の描いたプランが間違っていなかったことは、トウカイテイオー自身の活躍だけに留まらず、その後の競馬史を彩った競走馬たちによっても証明されたのではないか。

トウカイテイオーの新馬戦での鮮やかな勝利は、伝説の1ページ目にふさわしい内容であることは言うまでもない。それと同時に、陣営、そしてファンの期待や願いに応えるために駆け抜けた波乱万丈の競走馬生への第一歩を踏み出した、と言うべきだろう。

（松嵜直人）

1着	**トウカイテイオー**	安田隆行	01:52.9
2着	**カラーガード**	内山正博	4
3着	**カシマトウショウ**	本田優	1.1/2

オープン戦

1990年12月23日　京都
芝右　2000m　晴　良

シクラメンステークス

芦毛のアイドルがターフを去った日 次なる伝説はすでに始まっていた

新馬戦を快勝したトウカイテイオーは中2週の間隔を取り、オープン特別のシクラメンSに挑戦した。

今となっては驚くべきことだが、トウカイテイオーは3番人気でレースを迎えた。後にも先にも、勝利したレースの後で1番人気を譲ったのは競走馬生でこの1戦のみである。1番人気は新馬戦、500万下クラスを連勝していた3戦2勝のイイデサターン、2番人気には既に重賞出走経験もあったダンディアンバーが続いた。

トウカイテイオーは6番枠からスタートを決めると、外の7番枠からハナに向かうイイデサターンにはついて行かず、中団外目のポジションで1コーナーへ入った。

逃げるイイデサターンの1000m通過タイムは63秒、スローな流れで折り合いに苦労する人馬もいる中で、トウカイテイオーは抜群の折り合いでレースを進めた。安田隆行騎手の手綱には余裕があり、3コーナーから先行各馬を捉えるべく人馬は動き始めた。

通常、右回りのレースであればコーナーを右手前で回るが、トウカイテイオーはコーナーを左手前で入ったために遠心力で外に膨れ、3コーナーでは内4頭分ほど空けるロスが生じた。しかし、4コーナーで安田騎手の手が動くと、直ぐに手前を右に変えてロスを修正し、直線に入った刹那、再び左手前に切り替えた。

迎えた直線、安田騎手のゴーサインが出ると、トウカイテイオーはピッチを上げてイイデサターンに並びかけ、残り100m付近で抜き去ると、ゴールでは2馬身の差をつけて1着で駆け抜けた。

イイデサターンはスタートを決めて逃げの手を作り、ロスの無い最内に進路を確保してマイペースでレースを進め、3着のダンディアンバーに2馬身差をつけて粘り込む完璧なレースをした。にもかかわらず、終始大外を回していたトウカイテイオーは直線のゴーサインのみで交わして見せた。

この結果によってトウカイテイオーの実力が示され、クラシックに1番人気を背負って挑むきっかけになったのである。

この日の中山メインレースはGI有馬記念。一世を風靡した名馬オグリキャップが有終の美を飾り、大歓声のオグリコールの中で一つの伝説が終わった。その裏で、3年後のグランプリへ続くトウカイテイオーの伝説の幕が、少しずつ開き始めたのである。

（松崎直人）

1着	**トウカイテイオー**	安田隆行	2:03.8
2着	**イイデサターン**	猿橋重利	2
3着	**ダンディアンバー**	村本善之	2

オープン戦

1991年1月19日 京都
芝右 2000m 晴 良

若駒ステークス

振り返れば強豪揃いの一戦
新ファン層の視線を釘付けにした若き帝王

1990年、大衆エンターテインメントとしての競馬が確立した。競馬場への来場者数は前年比12％増、若い女性客の姿も目立った。オグリキャップの引退レースとなった有馬記念には、冬枯れの芝コースに17万もの熱い視線が注がれた。鳴り止まない「オグリ」コールの中、90年の競馬は幕を閉じた。競馬が特別に愛された年だった。

年が明けて1月、オグリキャップ、スーパークリークの引退式が相次いで行われ、熱狂時代を駆け抜けた名馬たちがターフを去っていった。別れの名残も冷めやらぬ中、その翌週には若駒Sが行われた。このレースは、クラシック競走を目指す馬たちの登竜門の一つ。人々は別れの余韻もそのままに新星の誕生を待つこととなった。

馬名の刻まれたゼッケンを揺らしながら出走9頭が次々と枯草色のターフを駆け出す。ちょうど1月から、中央競馬の全てのレースで馬名入りのゼッケンが導入されたばかりだった。その名を堂々と知らしめるように、それぞれがゲートへと向かう。その中にトウカイテイオーと安田隆行騎手の姿もあった。ここを勝てばクラシックも見えてくる。

9頭はぽんと揃ってゲートを出る。先頭のシンホリスキーがよどみないペースを刻み、自ずと縦長の隊列ができていく。若馬とはいえど、ここに出てくる馬は有望株ばかりだ。滞りなくレースを進めていく。トウカイテイオーは流れに乗って中団4、5番手に構える。その先に、再びの対戦となるイイデサターンがいた。前走ではトウカイテイオーに敗れはしたものの、持ち時計はトウカイテイオーを含むメンバー中最速だ。

しかしそんな懸念もどこ吹く風、トウカイテイオーは向正面を終えるところで先頭に並びかけ、そのまま直線を迎えた。イイデサターンが懸命に迫るが両者はまるで縮まない。それどころか、安田騎手の手綱はどこかおさえ気味だ。トウカイテイオーが悠々先頭でゴールしたのち、2馬身半遅れてイイデサターンが、さらに続く馬たちが遅れて決勝線を通過した。

このイイデサターンも強い馬だった。後に4歳重賞の毎日杯を制覇し、確かな実力を証明した。逃げて4着に残したシンホリスキーも後にきさらぎ賞、スプリングSと重賞連勝。5着のミスタースペインは翌年の高松宮杯勝ち馬だ。3着はナイスネイチャ。後のGIでの活躍ぶりは語るまでもない。

振り返れば強豪揃いの一戦だった。こんなレースを涼しげに勝ち切るトウカイテイオーとは、一体どれほど強い馬なのだろう。

（手塚瞳）

1着	トウカイテイオー	安田隆行	2:01.4
2着	イイデサターン	河内洋	2.1/2
3着	ナイスネイチャ	松永昌博	4

オープン戦

1991年3月17日 中山
芝右 2000m 晴 稍重

若葉ステークス

怪物がはるばる東上 親仔二代での無敗三冠へ向け、好発進！

この頃、密かに東の競馬ファンの間で囁かれた噂話があったという。
西の3歳馬の頂点を決めるGI・阪神3歳S優勝馬のイブキマイカグラが弥生賞を制した際、ある騎手が「西にはもう1頭強い馬がいる」とコメントした。それこそがトウカイテイオーのことだという。噂のシンボリルドルフ初年度産駒、ここまで3戦3勝。未だ能力は底知れない。

そんな怪物がはるばる東上、皐月賞と同じ中山競馬場でのオープン競走・若葉Sに挑む。クラシックを目指す多くの4歳馬は出走権をかけてトライアルの重賞を争うが、あえてトウカイテイオーはそうしなかった。賞金はここまでの連勝で十分稼いできているし、無理に上位勢と苦しいレースをして消耗すべきでもない。トウカイテイオーが力を出し切れば、大舞台でも十分戦える。そういう戦略のもとでの出走だった。

当時はまだ全国の馬券が買えなかった時代だ。東のスポーツ紙の競馬面は馬券発売のある東のレースが主であり、今ほど関西馬について詳しく知ることはできなかった。

それだけにパドックで初めてトウカイテイオーを目の前にしたとき、どれほど東の人々は驚かされたことだろう。蹄の先をすっと地面に下ろし、そこへゆっくり全体重を落とし込む。しんと馬体が沈む。続く足をなめらかに前へと運び、再び蹄を下ろす。馬術競技の訓練された馬のように、丁寧に歩み進める。本当に栗東から10時間半もの長旅を経てやってきたのか。どこか違う世界から降り立ったかのような歩みだった。

一方でまだ若馬らしいところもあるようだ。レースでは先頭馬の刻むスローペースに、さすがのトウカイテイオーも少しかかり気味の様子。ゆっくり折り合いをつけて立て直していく。3コーナーを過ぎたところ、トウカイテイオーが進出を開始した。直線に差し掛かるとき、外目で畳みかけるシャコーグレイドとふいに馬体が並んだ。

しかし並んだのは一瞬だった。安田隆行騎手の鞭が合図程度にしなると、トウカイテイオーはシャコーグレイドをあっという間に置き去りにした。それからはもう誰とも争っていないかのように、ほとんど馬なりのまま悠然と1着でゴールを通過した。

やはり噂は本物だった、と東の人々。

ここまで無敗の4連勝、父シンボリルドルフと親仔二代での無敗三冠も夢ではない。このレースを経て、トウカイテイオーは瞬く間に皐月賞の大本命へと躍り出た。


（手塚瞳）

1着	**トウカイテイオー**	安田隆行	2:03.6
2着	**アサキチ**	横山典弘	2
3着	**シャコーグレイド**	柴田善臣	1

重賞1

第51回 1991年4月14日

皐月賞GI

「噂のあいつ」がベールを脱いだ！ 無敗の皐月賞馬の誕生

「皐月賞で、重賞未勝利ながら単枠指定されるトウカイテイオーの強さは本物か？」

彼が過去4戦、戦ってきた相手と比べるとメンバーのレベルは格段に高い。

それぞれのローテーションから勝ち上がった「つわもの」たちが初めて顔を合わす場が皐月賞。阪神3歳S（GⅠ）を勝ち、トライアルの弥生賞で、東の3歳（現2歳）王者リンドシェーバーを完封したイブキマイカグラ。きさらぎ賞、スプリングS連勝で武豊騎手を擁して臨むシンホリスキー。昨秋からオープン特別3連勝、4歳（現3歳）初戦を共同通信杯4歳S2着でまとめた東の雄サクラヤマトオーなど、役者は充分過ぎるほど揃っている。

更に、皐月賞当日の稍重馬場、単枠指定で8枠18番の大外枠に入るなど、トウカイテイオーへの試練は続く。皐月賞は彼の真の力を見極める「検証の場」となるはずだ。

それでも、ニュースター誕生を期待する競馬ファンは、中山競馬場に集結。91年皐月賞は、歴代3位（当時）となる約11万人が見守る中、そのスタートが待たれた。

パドック周回から、本馬場入場、返し馬に至るまで、大観衆に動じることなく落ち着いているトウカイテイオー。漂う「気品」は、余裕かそれとも底知れぬ能力か。集合図の旗が振られ、ゲート前に戻ってきたトウカイテイオーは、4歳馬に古馬が混じっているような貫禄さえ感じさせる。

GIファンファーレが鳴り、各馬がゲートに吸い込まれていく。最後に残ったのは、ただ1頭のピンクの帽子。安田隆行騎手がトウカイテイオーをゆっくりと促し、ゲートに向かう。唸るような11万人の歓声と共に、各馬一斉にゲートから飛び出す。トウカイテイオーと、イブキマイカグラの単枠指定馬2頭も、好スタートを切った。1コーナーに向かう激しい先行争いを尻目に、トウカイテイオーは馬場の良いところを選びながら外側に進路を選択。

一方のイブキマイカグラは、定位置の後方待機。

2コーナーからバックストレッチに入ったところで、アフターミーが先頭を奪いペースが落ち着く。トウカイテイオーは5番手集団の外、内側で当レース唯一の牝馬ダンスダンスダンスと、小島太騎手のサクラヤマトオーが並んでいる。

バックストレッチの中間、残り1000mの地点で、シンホリスキーの武騎手は、左後方に付けているトウカイテイオーを意識するかのように、少しずつ順位を上げる。中団待機のサクラヤマトオーも、トウカイテイオーのさらに外を回って、先頭を窺う気配を見せる。

勝負どころの3コーナーカーブ。イブキマイカグラは馬群中団の内でもがいている。シンホリスキーがトウカイテイオーを振り切るように、先頭集団に並びかけ、トウカイテイオーが馬なりでそれに続く。横一線となった先頭集団は4コーナーから310mの直線へ。

直線に入って、頭一つ出たのがシンホリスキー。ピンク帽子の安田騎手が、手綱を持ったまま並びかけ、一完歩毎に差を広げ始める。坂下で堂々の先頭に立つトウカイテイオー。イブキマイカグラが馬群の中から脚を伸ばすも、伸びてくる気配はない。外から向正面で最後方にいたシャコーグレイドが追撃を開始。坂を上ってトウカイテイオーに迫るものの、その差は縮まらない。

ゴール前、二度三度と右鞭が入ったトウカイテイオーは更に脚を伸ばし、皐月賞のゴール板を先頭で通過した。

無敗の皐月賞馬の誕生は、鞍上にクラシック初制覇をもたらし、父シンボリルドルフとの親仔無敗制覇も成し遂げた。更に2着馬シャコーグレイドの父はミスターシービー。80年代の三冠馬、シンボリルドルフとミスターシービーの二世決着も話題となった。

本馬場での優勝記念撮影。皐月賞のレイを掛けたトウカイテイオーの馬上で、安田騎手の笑顔が輝く。高々と上げた人差し指の先には、三冠への道がはっきりと見えていた。

（夏目伊知郎）

1991年4月14日

第51回 皐月賞GI

中山　芝右2000m　4歳オープン　曇　稍重

レース結果

着順	枠番	馬番	馬名	性齢	斤量	騎手	タイム	着差	人気
1	8	18	トウカイテイオー	牡4	57	安田隆行	02:01.8		1
2	1	2	シャコーグレイド	牡4	57	蛯名正義	02:02.0	1	16
3	6	13	イイデセゾン	牡4	57	田島良保	02:02.2	1.1/4	5
4	5	11	イブキマイカグラ	牡4	57	南井克巳	02:02.3	3/4	2
5	4	10	ダンスダンスダンス	牝4	55	的場均	02:02.3	クビ	15
6	1	1	イイデシビア	牡4	57	村本善之	02:02.4	クビ	18
7	3	7	アサキチ	牡4	57	田中勝春	02:02.6	1.1/4	10
8	6	12	ヤングシゲオー	牡4	57	坂井千明	02:02.7	1/2	13
9	3	6	ブリザード	牡4	57	横山典弘	02:02.8	1/2	12
10	3	5	イイデサターン	牡4	57	河内洋	02:02.9	1/2	7
11	2	3	ホクセイシプレー	牡4	57	岡潤一郎	02:03.1	1	17
12	6	14	サクラヤマトオー	牡4	57	小島太	02:03.2	1/2	4
13	7	15	ヴァイスシーダー	牡4	57	柴田善臣	02:03.4	1.1/4	6
14	7	17	ビッグファイト	牡4	57	増沢末夫	02:03.6	1.1/2	9
15	4	9	シンホリスキー	牡4	57	武豊	02:03.7	クビ	3
16	4	8	レガシーオブゼルダ	牡4	57	岡部幸雄	02:04.5	5	14
17	7	16	カネハボマイ	牡4	57	角田晃一	02:04.6	3/4	11
18	2	4	アフターミー	牡4	57	柴田政人	02:06.1	9	8

重賞2

第36回 1992年4月5日

産経大阪杯 GII

伝説の第二章＝古馬初戦 強すぎた内容と「落とし穴」

七冠馬シンボリルドルフの初年度産駒として、デビュー当初、いや、デビュー前から大きな注目を集めていたトウカイテイオー。史上初めて無敗で三冠馬となった父の仔、という重荷を背負ってデビューし、その期待に応えて6戦無敗で皐月賞、ダービーを制覇した。期待通りの走りを見せてくれたが、その直後に骨折が判明。偉大な父と肩を並べることは叶わなかった。

しかし、見ようによっては、この骨折休養が、テイオーの伝説の始まりとなった。

トウカイテイオーの引退後に、競馬四季報のグラビアページの取材で栗東の松元省一調教師をトレセンの厩舎に訪ねた。引退後2年が経過していたから、ということもあったと思うが、現役時代の全12レースについて、当時の師の考え、思い、といったものを率直に、それこそ、そこまで話していただけますか、というくらいに話してくださった。紙面に限りがあるため、その一つ一つを紹介することはできないが、ここではダービーから長期休養明けで産経大阪杯に向かった当時のことを紹介する。

暮れの有馬記念での復帰は不可能ではなかったようだ。ただ、松元師はデビュー当初からの方針を貫き、テイオーに無理をさせることはしなかった。「将来がある馬だから」がその理由であり、「そのリスクは計り知れない」ため。「でも、よくあんなに我慢できたなあとは思いますけど」と言って笑ってはいたが。ともあれ、我慢に我慢を重ねて、ようやくターフに戻ってきたのは、約10ヶ月ぶりとなる5歳（現4歳）春の産経大阪杯だった。

20キロ増。もともとスマート体形をしていた馬で、さすがにいくらか余裕残しには感じられたものの、それとて縦にも横にも増量された印象だったから、数字から受けるような太いっ、という感じではなかった。ただ、この時の480キロは、次走の天皇賞（春）と並び、現役時代を通しての最高馬体重である。

8頭立て。GIに昇格した今の大阪杯では考えられない少頭数だが、対戦相手もGI馬はダイユウサク、イブキマイカグラの2頭。トウカイテイオーに敬意を表したのか、恐れをなしたのかは分からないが、骨折による長期休養明けの対戦相手としては、与《くみ》し易かったことは間違いなかった。

それにしても、である…。テンの3ハロンは39秒1。8頭が戸惑いながらというのか、周囲に遠慮しながらのスタートで、スタンド前からこれ以上ないスローに落ち着いた。次の2

ハロンも13秒7―13秒1と続いて、1000m通過は実に65秒9。いくら現代とは馬場が違うといっても、良馬場のGⅡでは、当時としても考えられない超のつくスローといっていい。2枠2番から好スタートを切ったテイオーは向正面に入った時点で3番手のイン。普通の条件下であれば、その位置取りでほとんど大勢は決しているところだが、何しろ10ヶ月以上の休養明けでは、こうまでペースが遅いと、逆に折り合い面の不安が出てくるものだ。

ただ、その杞憂も〝普通の馬であれば〟のことだった。テイオーは涼しげに、いつもの弾むようなバネの利いた走法で折り合って追走している。そして3コーナー過ぎ。逃げるイクノディクタスを捕まえに出たゴールデンアワーに〝持ったまま〟並びかけると、直線を向いてもまったく手綱を動かすことなく交わし去る。そしてゴールまで、本当に持ったままフィニッシュして1馬身3／4差。観ている方が唖然とするような〝楽勝〟ぶりを見せつけたのだった。

父に続く三冠の夢は断たれたものの、6戦6勝で二冠に輝いた日本ダービーからの無敗記録を〝7〟に伸ばし、偉大な父の背を再び追い掛けることになったトウカイテイオー。夢の続きを見せてくれるテイオーに、更に大きな期待がかかったのは当然だった。しかし、この時のあまりの楽勝劇、強過ぎるパフォーマンスが、大きな落とし穴につながってしまう。新たな伝説への、静かな序章となったのが産経大阪杯だった。

（和田章郎）

トウカイテイオー 重賞レース 2

1992年4月5日

第36回 産経大阪杯GⅡ

阪神　芝右　2000m　5歳以上オープン　晴　良

レース結果

着順	枠番	馬番	馬名	性齢	斤量	騎手	タイム	着差	人気
1	2	2	トウカイテイオー	牡5	58	岡部幸雄	02:06.3		1
2	3	3	ゴールデンアワー	牡6	57	岡潤一郎	02:06.6	1.3/4	6
3	5	5	マミーグレイス	牝5	54	田島信行	02:06.9	1.3/4	5
4	8	8	イクノディクタス	牝6	55	村本善之	02:06.9	ハナ	7
5	1	1	ホワイトストーン	牡6	58	柴田政人	02:07.0	3/4	3
6	7	7	ダイユウサク	牡8	59	熊沢重文	02:07.1	クビ	4
7	6	6	イブキマイカグラ	牡5	57	南井克巳	02:07.2	3/4	2
8	4	4	ネーハイビクトリー	牡5	56	安田隆行	02:07.4	1.2/2	8

重賞3 第105回 1992年4月26日

天皇賞・春 GI 5着

距離か状態か、相手が強すぎたのか…松元師が認めた「従来の調教パターン」

週刊競馬ブックのGI特集号では、巻頭に美浦、栗東それぞれのトラックマン数人の予想と見解が掲載されている。1992年4月20日発売の天皇賞（春）号でも同様だった。が、通常は個々のコラム冒頭に、本文用の見出しが2行ほど使われるのだが、この時だけは、本文の内容とは直接関係ない見出しが、テンプレート的にプラスされた。

【2頭で決まる可能性○○%】

このスタイルが採用されたのは、筆者が当該欄を担当していた数十年の期間内では、この一度だけだったと記憶する。それほどまでに、トウカイテイオーとメジロマックイーンの対決は注目されていた、と言っていい。実際、単勝人気はトウカイテイオー1・5倍に対してメジロマックイーンは2・2倍。離れた3番人気のイブキマイカグラは18・2倍である。テイオーとマックイーンの馬連オッズは1・5倍。続くのがテイオー－イブキの12・0倍とマックイーン－イブキの13・5倍だ。

今にして思えば、◎○▲の三角買いによる○▲で13・5倍なら悪くないようにも思うが、これは〝二強ムード〟に嫌気がさした〝アンチ・テイオー〟ファンが、もともと感じていた距離実績の優位性を買って、マックイーンからの馬券購入に大きく舵を切った結果だったと思われる。

それは決して間違ってはなかったのだが、思惑通りに決まらないのが競馬の面白い…いや、難しいところだ。

トウカイテイオーは〝ルドルフの初年度産駒〟として、早い段階から注目され続けたが、デビューして6戦無敗で日本ダービーを制すると、当たり前のようにその注目度は増すことになる。しかし、好事魔多し。その直後に判明した骨折による休養、そして菊花賞回避、の報には多くのファンが落胆したものだ。その時点で父に続く三冠馬の夢が断たれたのだから、無理もなかったろう。ジックリと間隔を空けて、長期休養明けとなった産経大阪杯で戦列復帰。そこで唖然とするほどの楽勝劇を演じる。古馬になってからも無敗を持続＝父にできなかったことを達成（他の三冠馬も達成できていない）する。対するメジロマックイーンとて、晩成の血が充実期に入ったところで、距離実績も十分だったが、2番人気に甘んじた（古馬になって以降1番人気になっていないのはこの一戦だけ）のは、ひとえにトウカイテイオーの〝スター性〟という部分にのみ後れを取ったからだろう。

レースはメジロパーマーが主導権を握って最初の1000mが62秒3。次の1000mは63秒9とスローダウン。そして最後の1000mが60秒8である。ラスト1000mのラップでもっとも遅かったのが12秒6だから、典型的な前有利の上がりの速い決着と言えるが、そのラップが刻まれたのは、2番手につけていたメジロマックイーンが向正面過ぎからロングスパートをかけたからに他ならない。対するトウカイテイオーは、最初の2000mを中団馬群で折り合いに専念。メジロの動きに連れて仕掛けて出るものの、いつもの反応が見られずに5着に沈むことになる。前評判で〝二強〟と言われる時ほど、えてして決まらないものだが、この時も格言通りの結果となった。

敗因については「やはり距離だったたか」と囁かれた。このレースだけを見ると、そうした評価は分からなくもない。が、松元省一調教師は後のインタビューにこう答えてくれた。

「私のミスです。テイオーのことで悔いが残っているとしたらこのレース。産経大阪杯があまりに鮮やかだったため、休み明け2戦目であること、初めて3200mを走ること、相手がメジロマックイーンであること。これらのことが意識から抜けていて、従来通りの調教パターンでいける、と過信してしまった。テイオーには本当に悪いことをしました」と。

初めての敗戦。その代償は大きく、レース後に二度目の骨折が判明する。しかしこの敗戦こそ、トウカイテイオーの新しい伝説のスタートとなった。

（和田章郎）

1992年4月26日
第105回 天皇賞・春GⅠ

京都　芝右3200m　5歳以上オープン　晴　良

レース結果

着順	枠番	馬番	馬名	性齢	斤量	騎手	タイム	着差	人気
1	4	5	メジロマックイーン	牡6	58	武豊	03:20.0		2
2	5	7	カミノクレッセ	牡6	58	田島信行	03:20.4	2.1/2	4
3	5	8	イブキマイカグラ	牡5	58	南井克巳	03:21.3	5	3
4	3	3	ホワイトアロー	牡6	58	田原成貴	03:21.5	1	11
5	8	14	トウカイテイオー	牡5	58	岡部幸雄	03:21.7	1.1/4	1
6	6	10	バンブージャンボ	牡5	58	西浦勝一	03:21.8	クビ	13
7	7	12	メジロパーマー	牡6	58	山田泰誠	03:22.9	7	12
8	4	6	ゴールデンアワー	牡6	58	岡潤一郎	03:23.5	3.1/2	10
9	2	2	ダイユウサク	牡8	58	熊沢重文	03:24.0	3	5
10	6	9	ノーブルターク	牡5	58	村本善之	03:24.7	4	14
11	8	13	ヤマニングローバル	牡6	58	河内洋	03:24.8	3/4	7
12	7	11	タニノボレロ	牡5	58	小島貞博	03:26.1	8	6
13	3	4	ボストンキコウシ	牡7	58	安田隆行	03:26.5	2.1/2	9
14	1	1	メイショウビトリア	牡6	58	千田輝彦	03:29.8	大	8

最強の称号を懸けた「世紀の対決」

第105回 天皇賞・春 GⅠ

芝3200m
1992年4月26日(日)
京都10R

トウカイテイオーに◎が、メジロマックイーンに○が打たれ、残りの馬はほぼ無印。2頭の馬連は2倍を割った。

「何周走っても2頭で決まる」と語った予想家は多かった。それほど2頭の存在は抜けていた。

〈レース展望〉

菊花賞と前年春の天皇賞を制したメジロマックイーンと無敗二冠馬トウカイテイオー。2頭以外のＧⅠ馬は有馬記念をブービー人気で制したダイユウサクと2歳王者イブキマイカグラ。多くのファンが「2頭の一騎打ち」と予測。普段は競馬を扱わない全国紙でも報道されるなど、競馬の歴史に新たな1ページが加わった。

名勝負ドキュメント 2

第105回 天皇賞・春

恐れ入ったトウカイテイオー！どんなもんだいマックイーン！

衝撃的な帝王の復活から、
あっけない幕切れまで――。
異様な興奮に飲み込まれた21日間

大方の予想通りメジロマックイーンが先に仕掛ける。直後、ファンの視線は後方のトウカイテイオーへ。予想通りの一騎打ちかと思われたが…。

日本ダービー後に休養となったテイオーは、約10カ月後の復帰初戦となった産経大阪杯を大楽勝。ゴール前はほぼ追わず7連勝を遂げた。

〈払い戻し〉

	馬番	配当	人気
単勝	5	220	2
複勝	5	120	1
	7	280	4
	8	270	3
枠連	4-5	770	3
馬連	5-7	1570	4

テイオーの単勝は150円、2頭の馬連も150円。圧倒的な支持率だったが…。

〈勝敗の分かれ目〉

直線でマックイーンは神がかり的な持久力を示した。一方のテイオーはマックイーンについて行けず、後方各馬に交わされ5着敗退、マックイーンに遅れることおよそ10馬身。菊花賞と春の天皇賞を制していたマックイーンの長距離適性が圧勝の要因となり、初の長距離戦となったテイオーは連勝がストップ。レース後に骨折が判明した。

重賞4 第106回 1992年11月1日

天皇賞・秋GI 7着

場内がどよめくポジショニング 大きく差のない敗戦も、囁かれる限界説

世紀の対決と言われた天皇賞（春）で生涯初の敗戦を喫し、挫折を味わったトウカイテイオー。レース10日後には二度目の骨折も判明したが、程度がそこまで重くなかったことは不幸中の幸いだった。

その後は休養に充てられ9月上旬に帰厩したものの、半ばに熱発。数日間の休養が必要となり、調整過程に狂いが生じてしまったが、陣営は天皇賞（秋）に出走することを決断した。ただ、松元省一調教師からは「時間がかかってしまった。正直言って背水の陣です」と、やや弱気のコメント。それでもファンは、全7勝中最多の5勝を挙げている2000mでメジロマックイーンも不在ならとトウカイテイオーを信じ、単勝2・4倍の1番人気に支持した。

一方、これに続いたのが同期のナイスネイチャで、有馬記念3着以来、9ヶ月ぶりの実戦となった前走の毎日王冠も3着とまずまずの内容。叩き2戦目の上積みが期待され、最終的にこの2頭が少し抜けた人気となり、当時の日本レコードで毎日王冠を逃げ切ったダイタク

ヘリオスが3番人気に推されていた。

レースは、そのダイタクヘリオスと宝塚記念を制したメジロパーマーの激しい逃げ争いで幕を開けた。ともに、なんとしてもハナは譲らないという姿勢で、早くも17万の大観衆がドッと沸いたが、それからわずか数秒後。これを上回るどよめきが沸き起こった。

なんと、2頭の1馬身後方にトウカイテイオーが位置していたのである。

当時の東京芝2000mは2コーナーまでの距離が非常に短く、現在よりもさらに外枠不利。にもかかわらず、7枠15番からスタートしたトウカイテイオーが、内枠から逃げ争いを演じた2頭とほぼ差のないところにつけていたから、場内がどよめくのも当然だった。

一方、前がグングン加速したため、隊列はあっという間に縦長となり、最後方のヌエボトウショウまでは20馬身以上の差。その後、実況アナウンサーから1000mを57秒台で通過したことが告げられると、再度、場内から大きな歓声が上がった。

そんな速い流れでも2頭は減速することなく、むしろ5ハロン目から6ハロン目はペースアップ。すると、さすがに苦しくなったか。大けやきを過ぎたところでメジロパーマーは早くも後退し、替わってトウカイテイオーとトウショウファルコが2番手に進出。そこにナイスネイチャとヤマニングローバルも加わろうとする中、レースは最後の直線勝負を迎えた。

直線に向くと、勢いが衰えそうで衰えないダイタクヘリオスに対し、トウカイテイオーは内ラチ沿いに進路を取り、必死にこれを追った。2頭の父、シンボリルドルフとビゼンニシキといえば、8年前に春のクラシックを争ったライバル同士。当時を知るファンにとっては胸躍る展開となり、残り150mでテイオーが前に出たときそれは最高潮に達したが、その刹那。ヤマニングローバルが2頭を交わすと、さらに大外からレッツゴーターキンがこれらをまとめて飲み込み、同じく後方から追い込んできたムービースターを引き連れるように、先頭でゴール板を駆け抜けたのである。

驚異的なハイペースを追いかけたことや、半年ぶりの休み明けを考えれば、勝ち馬から0秒5差7着という結果は決して悪くなかった。しかし、年度代表馬で現役最強クラスと見られていたスターホースに「悪くない内容」という評価などなく、むしろ、それまでの期待と希望が大きかっただけに「クラシックを戦った同期のレベルはどうだったのか」「もう終わってしまったのか」という声さえ上がり始めた。さらに、騎乗した岡部幸雄騎手から「二度の骨折で、4歳時の脚を望むのは酷かもしれない」というコメントが出たとき、その推測はにわかに現実味を帯び始めた。

全盛期のあのダイナミックな走りは、もう戻らないのか——。

悲壮感すら漂う中、完全に挑戦者の立場となったテイオーが約1ヶ月後のジャパンCで対峙することになったのは、レース史上最高と評された海外の強豪たちだった。

(齋藤翔人)

1992年11月1日

第106回 天皇賞・秋GI

東京　芝左2000m　4歳以上オープン　晴　良

レース結果

着順	枠番	馬番	馬名	性齢	斤量	騎手	タイム	着差	人気
1	1	2	レッツゴーターキン	牡6	58	大崎昭一	01:58.6		11
2	6	12	ムービースター	牡7	58	武豊	01:58.8	1.1/2	5
3	4	7	ヤマニングローバル	牡6	58	河内洋	01:58.9	1/2	15
4	6	11	ナイスネイチャ	牡5	58	松永昌博	01:59.0	1/2	2
5	5	10	ホワイトストーン	牡6	58	柴田政人	01:59.1	1/2	6
6	7	13	ヌエボトウショウ	牝6	56	角田晃一	01:59.1	ハナ	7
7	7	15	トウカイテイオー	牡5	58	岡部幸雄	01:59.1	アタマ	1
8	3	6	ダイタクヘリオス	牡6	58	岸滋彦	01:59.2	1/2	3
9	4	8	イクノディクタス	牝6	56	村本善之	01:59.4	1.1/4	4
10	8	17	ジャニス	牝5	56	加藤和宏	01:59.5	1/2	16
11	3	5	ツルマイナス	牡7	58	田中勝春	01:59.6	1/2	14
12	8	16	オースミロッチ	牡6	58	松本達也	01:59.6	クビ	8
13	7	14	メイショウビトリア	牡6	58	横山典弘	01:59.8	1.1/4	17
14	1	1	ミスタースペイン	牡5	58	石橋守	02:00.1	2	12
15	8	18	トウショウファルコ	牡7	58	的場均	02:00.2	3/4	13
16	5	9	カリブソング	牡7	58	安田富男	02:00.3	クビ	9
17	2	3	メジロパーマー	牡6	58	藤田伸二	02:00.4	1/2	10
18	2	4	タニノボレロ	牡5	58	小島貞博	02:00.5	1/2	18

重賞5

第37回　1992年12月27日

有馬記念 GI 11着

ファン投票1位での出走 日本競馬史に残る帝王11着惨敗の謎

競馬における最大の謎とはなにか。それは競走馬の胸の内、心だ。これぱかりはたとえ感じとれたとしても、どんな手練《てだ》れも読むまでには至らず、その声を聞きとることは不可能に近い。メンタルはアスリートにとって本番でフィジカルを最大級に発揮するためには欠かせないものであり、一発勝負を前にし、不安を拭い去り、いかに前向きになれるかに比重を置くメンタルコントロールはもはやアスリートの常識といっていい。

それは競走馬とて変わらない。あらゆる刺激に敏感であるがゆえにメンタル不調による謎の凡走がある。レース前、馬の心を読めない以上、それは誰にも察知しようがない。きっと、馬がレース前に自身の胸の内を語れるならば、謎は消えてなくなるだろう。しかし、それは同時に競馬の魅力の消失でもある。我々は競走馬のメンタルという最大の謎に挑んでいるようなものなのだ。その挑戦こそが底なしに面白い。

ジャパンCを勝ったトウカイテイオーは当然ながら有馬記念ファン投票1位に選出され、

勝てば2年連続年度代表馬と言われていた。メジロマックイーンやミホノブルボンがいないここは確勝級といってもいい。だが、トウカイテイオーは見せ場すら作れず11着と大敗した。なぜ、トウカイテイオーは惨敗を喫したのか。日本競馬史に残る謎の一つだ。

嫌な予感はいくつかあった。岡部幸雄騎手がレース1週前に騎乗停止になり、有馬記念に騎乗できなくなった。さらに当日の馬体重が10キロも減っていた。1986年以降の37年間で、有馬記念で馬体重10キロ以上減は［1・0・0・12］で87年メジロデュレンしか勝っていない。同馬は前走12キロ増で明らかに太めが絞れたものだった。真冬のシーズン末期にあたる有馬記念で馬体重を二桁以上減らすのはなんらかの異変があったと考えていい。

スタートで後手を踏み、3コーナー付近で田原成貴騎手の手が激しく動き、明らかに反応が鈍く、後退していく姿は今でも信じられない。田原騎手もレース後、「行けなかったので、外からマクる作戦に切りかえた。でも、まったく行けなくて…。追い切りの感触がしぼんでしまった。接戦で負けたなら、オレの乗り方とも思うけど。ジャパンCの反動かは分からない」とコメントを残している。後日、陣営から中殿部を痛めたことが明かされた。ゲートを出た直後に接触した際に腰をひねったという。

天皇賞（秋）、ジャパンCとハイペースを先行してきたトウカイテイオーが、メジロパーマーとダイタクヘリオスが競り合って見た目は速そうでも、じつは中盤までむしろスローに近い流れにへこたれるとは思えない。腰を痛めた原因である発馬直後の接触も珍しく出遅れたからこそ。あの有馬記念でのトウカイテイオーはどこかおかしかった。やはりこれはトウカイテイオーの内面によるものとしか考えられない。かくも強かったジャパンCから1ヶ月、トウカイテイオーの心はどのように変化していったのだろうか。その移ろいは永遠の謎だが、それを解く手がかりがないわけではない。

ジャパンCと有馬記念の連勝はジャパンC創設後、4例。

85年シンボリルドルフ　天皇賞（秋）2着
00年テイエムオペラオー　天皇賞（秋）1着
04年ゼンノロブロイ　天皇賞（秋）1着
06年ディープインパクト　凱旋門賞3位入線、失格

2頭は秋の古馬中距離GⅠを完全制覇し、残る2頭は無敗の三冠馬で、それぞれGⅠで好勝負を演じた勢いそのままに有馬記念まで奪取した。トウカイテイオーはイマイチ波に乗り切れなかった。最後の祭りで躍動するには勢いが欠かせず、助走が必要だ。実際、天皇賞（秋）で4着以下に敗れ、ジャパンCを勝ち、有馬記念を勝った馬はおらず、カツラギエースの2着が最高だ。天皇賞（秋）でのつまずきが実は有馬記念まで尾を引いたと見るべきではないか。むしろそこからジャパンCを勝ち切ったメンタルが素晴らしいのだ。

（勝木淳）

1992年12月27日
第37回 有馬記念GI

中山　芝右2500m　4歳以上オープン　晴　良

レース結果

着順	枠番	馬番	馬名	性齢	斤量	騎手	タイム	着差	人気
1	2	3	メジロパーマー	牡6	56	山田泰誠	02:33.5		15
2	3	6	レガシーワールド	セ4	55	小谷内秀夫	02:33.5	ハナ	5
3	1	1	ナイスネイチャ	牡5	57	松永昌博	02:33.7	1.1/4	4
4	4	7	レッツゴーターキン	牡6	56	大崎昭一	02:33.7	クビ	10
5	5	9	オースミロッチ	牡6	56	松本達也	02:33.8	1/2	11
6	6	12	ムービースター	牡7	56	南井克巳	02:33.8	アタマ	9
7	6	11	イクノディクタス	牝6	54	村本善之	02:34.1	1.3/4	16
8	8	16	ライスシャワー	牡4	55	的場均	02:34.1	クビ	2
9	7	14	ヒシマサル	牡4	55	武豊	02:34.5	2.1/2	3
10	1	2	ホワイトストーン	牡6	56	柴田政人	02:34.5	ハナ	6
11	3	5	トウカイテイオー	牡5	57	田原成貴	02:34.8	1.3/4	1
12	4	8	ダイタクヘリオス	牡6	56	岸滋彦	02:34.8	クビ	7
13	2	4	レオダーバン	牡5	57	横山典弘	02:35.2	2.1/2	12
14	5	10	フジヤマケンザン	牡5	57	小島貞博	02:35.3	3/4	8
15	8	15	ヤマニングローバル	牡6	56	河内洋	02:35.4	クビ	14
中止	7	13	サンエイサンキュー	牝4	53	加藤和宏			13

第二部　同時代ライバルと一族の名馬たち

無敗テイオーを豪脚でねじ伏せた
最強の芦毛馬メジロマックイーンから、
ともに戦った個性派揃いのライバルまで

「世紀の対決」でテイオーを破った名ステイヤー、メジロマックイーン。

同時代ライバル

メジロマックイーン

長距離界の絶対王者
二人の名手の駆け引きが光った天皇賞・春

GIレースで「ファンを二分するような世紀の対決!」を観ることはなかなかできない。天下分け目の決戦と言われ、2頭のスーパーホースが激突したレースが、1992年春に実施された。決戦場所は京都競馬場、レースは天皇賞(春)。主演の2頭は、史上最強ステイヤーと無敗のダービー馬。勝った方が3つ目のGIタイトルを手にすることとなる一戦。メジロマックイーンとトウカイテイオーが激突した天皇賞(春)は、長く語れる要素がぎっしり詰まった、3分20秒0のドラマだった。

昨年に続き、史上初の天皇賞(春)連覇を目指すメジロマックイーンは、3000m級長距離で、圧倒的な強さを見せていた。菊花賞、天皇賞(春)、阪神大賞典(2勝)を勝っており、この距離でメジロマックイーンに勝てるライバルは登場しないと言われていた。昨年秋の「蹉跌《さてつ》」を挽回する意味でも、ここは負けるわけにはいかない一戦だった。

もう一方の主演男優、トウカイテイオーは無敗で皐月賞、日本ダービーを制覇した5歳(現

4歳）最強馬。レース後骨折が判明し、10ヶ月休養を挟んだ仕切り直しの産経大阪杯（当時GⅡ）で、危なげない勝利を経て世紀の決戦に臨んできた。

メジロマックイーンは菊花賞優勝後、ここに至るまで8戦連続で1番人気。9戦目となるこの天皇賞（春）で、トウカイテイオーに1番人気を譲ることとなる。絶対王者として君臨している距離のレースで屈辱の2番人気は、メジロマックイーンと鞍上の武豊騎手の闘志を搔き立てたに違いない。

ゲートが開くと、メジロマックイーンは自分のレースに徹した。先導するメジロパーマーを目標に先頭集団のすぐ後ろに付ける。トウカイテイオーがすぐ後ろでマークするが、武騎手の視界にはトウカイテイオーの姿は入っていない。不利を被らない外目のコースを悠然と進み、2周目の3コーナーでメジロパーマーと並んで先頭。メジロマックイーンが動けばトウカイテイオーも追いかける。「世紀の対決」は坂を下り、4コーナーへ舞台を移す。

勝負はあっけなく終了した。直線半ばで後続を突き放すメジロマックイーンに、追従する馬はいない。トウカイテイオーを置き去りにした最強の芦毛馬は、この決戦を制した。

「この距離のタイトルは誰にも渡さない！」

メジロマックイーンと武騎手のプライドと意地が、天皇賞（春）連覇を成し遂げたと言えよう。

（夏目伊知郎）

父 メジロティターン
母 メジロオーロラ
母の父 リマンド

戦績 ［12-6-1-2］ 菊花賞　天皇賞・春（2勝）　宝塚記念　阪神大賞典（2勝）　京都大賞典（2勝）　産経大阪杯
距離適性 中〜長距離
脚質 先行

同時代ライバル

ビワハヤヒデ

ラストチャンスで制した菊花賞 忘れられぬテイオーとの名勝負

朝日杯3歳Sでは、外から馬体を併せてきたエルウェーウィンに差されハナ差2着。続く共同通信杯4歳Sでは、前を行くマイネルリマークにアタマ差届かず2着。「ハナ差クビ差は時の運」と言われる通り、どの馬が勝つかは騎乗者すら分かっていない。レースVTRを見ても、鞍上の岸滋彦騎手は完璧な競馬をしている。しかし、ビワハヤヒデの馬主サイドは、浜田光正調教師に騎手の交代を要請した。応じた浜田師は岡部幸雄騎手で若葉Sを勝利。万全の態勢で迎えた皐月賞でビワハヤヒデは3番手からレースを進めたが、ナリタタイシンの直線一気に競り負けて2着。「勝った」と思った次の瞬間、武豊騎手の仕掛けに屈してしまい、摑みかけた栄光はするりと逃げていった。続く日本ダービーでも、連続騎乗の岡部騎手はほぼ完璧な騎乗をしたが、最短ルートを走ったウイニングチケットに半馬身届かず2着。レース前から走行ルートをイメージしていた柴田政人騎手の作戦勝ちにも思える。対してビワハヤヒデは4コーナー手前でバテたドージマムテキを避けるというロスで追い出すタイミングが遅れてしまった。

ひとことで言えば、ビワハヤヒデには運がなかった。新馬戦から日本ダービーまでの8戦すべてで連対をキープするも、GⅠ3戦はすべて2着。不運が重なっても、嘆かずに堪えていれば、いつしか幸運となるのが運勢である。不運に耐えたビワハヤヒデ陣営に幸運が訪れたのは4歳（現3歳）秋。菊花賞では2番手からレースを進めて2着以下を5馬身突き放した。

グレード制導入後、クラシック三冠をすべて連対した馬は、三冠馬以外ではミホノブルボン、エアシャカール、そしてビワハヤヒデの3頭のみだ。

ビワハヤヒデは秋3戦目に有馬記念を選んだ。14頭中8頭がGⅠ馬という豪華メンバーで古馬とは初対戦。1番人気に支持された同馬は道中で4番手を進む。4コーナー手前で早くも先頭に立つと大歓声が上がった。「勝った！」と思った次の瞬間、外から迫ってきたトウカイテイオーに交わされ2着。このレースの1週間後、朝日杯を制した半弟のナリタブライアンが最優秀3歳牡馬に選ばれた。三冠すべて連対と安定した内容で年度代表馬に選出されたビワハヤヒデは、前年の鬱憤を晴らすかのように春の天皇賞と宝塚記念を連勝。秋初戦のオールカマーも勝利。半弟のナリタブライアンが三冠を制する1週間前、秋の天皇賞に出走するも、16戦目で初めて連対を外した。レース後に屈腱炎の発症が判明して引退。GⅠ5勝を挙げたブライアンとのGⅠ合計勝利数8は、兄弟馬の記録として3位である。

（後藤豊）

父 シャルード
母 パシフィカス
母の父 Northern Dancer

戦績 ［10-5-0-1］ 菊花賞　天皇賞・春　宝塚記念　デイリー杯3歳S　神戸新聞杯　京都記念　オールカマー
距離適性 中〜長距離
脚質 先行

同時代ライバル

ナイスネイチャ

多くのファンから愛された名馬
945日ぶりの勝利は多くの感動を巻き起こす

時に、拍手が自然と沸き起こるレースに、めぐり合えることがある。

古くはサイレンススズカの1998年金鯱賞、2000年目黒記念のステイゴールド、あるいはアーモンドアイが制した20年のジャパンCなど。それぞれに意味は違えども、無心で拍手を送りたくなる、そんなレースだった。

ナイスネイチャが制した94年高松宮杯もまた、温かな拍手に包まれたレースだった。

空梅雨も明けそうな、7月10日。前年のダービー馬、ウイニングチケットの復帰戦として注目を集めた中京のGⅡ。4コーナーで一団となった馬群の外目から、力強く抜け出してきたピンクの帽子。「ナイスネイチャがやってきた」の実況は、945日ぶりの勝利へのエールでもあった。

トウカイテイオーと同世代。骨膜炎を患ったこともあり、春のクラシックには縁がなかったが、夏から本格化して小倉記念、京都新聞杯、鳴尾記念と4歳（現3歳）時だけで重賞を3勝と、将来を嘱望されるのに十分な戦績を上げた。しかし、その鳴尾記念の勝利からが長かった。

有馬記念3年連続3着が象徴的なように、どんなレースでも相手なりに走りながらも、勝ち切れない。どんな相手、展開、馬場でも堅実に伸びてくる末脚は、じりじりとしか伸びないもどかしさとの鏡合わせでもあった。

しかし、この日のナイスネイチャは違った。主戦・松永昌博騎手とともに、改修前の中京の短い直線を気持ちよさそうに伸びた。2年7ヶ月ぶりに先頭でゴールを駆け抜けたナイスネイチャに、場内から大きな拍手が送られた。

いかに、ナイスネイチャがファンに愛されていたかを、改めて示したシーンだった。

GⅠにはついに手が届かず、トウカイテイオーに実績では譲る。しかし、骨膜炎や骨折などの怪我もありながらも、41戦をタフに走り抜けたナイスネイチャ。どのレースでも懸命に末脚を伸ばすその姿は、多くのファンの心を惹きつけてやまなかった。その一つ一つの走りの積み重ねは、引退時にはトウカイテイオーを超える生涯獲得賞金となっていた。

人は、誰もが羨むような天賦の才に惹かれ、その才に称賛を送る。けれども、それと同じくらいに、あるいはそれ以上に、ひたむきに挑戦する姿が報われることを観たいと願う。

だからこそ、あの高松宮杯から30年近くの時を経たいまもなお、ナイスネイチャは多くのファンに愛されてやまないのだろう。


（大嵜直人）

父 ナイスダンサー
母 ウラカワミユキ
母の父 ハビトニー

戦績 ［7-6-8-20］ 京都新聞杯　鳴尾記念　高松宮杯　小倉記念
距離適性 中〜長距離
脚質 差し

同時代ライバル

イブキマイカグラ

皐月賞では帝王と共に単枠指定に 時代を彩る最後の関西王者

その年の末に行われる3歳（現2歳）GⅠは、かつて東西ともに牡馬・牝馬混合で施行され、それぞれ3歳の「関東王者」と「関西王者」を決める一戦の色彩が強かった。実際に牝馬限定競走になる以前の阪神3歳S（現・阪神JF）勝ち馬には、テンポイントやサッカーボーイ、タニノムーティエなど翌年の牡馬クラシック戦線、ひいてはその先の競馬界を沸かせた関西の有力馬たちの名前が連なる。同レースが最後に混合戦として施行された1990年、最後の関西王者となったのは、トウカイテイオー世代のイブキマイカグラだった。

7月にデビューを果たしたイブキマイカグラは、折り返しの新馬戦で初勝利を挙げると、4戦目の500万下条件で2勝目を挙げ、続くデイリー杯3歳Sで3着と好走するなど着実に実績を積み上げていった。トウカイテイオーがようやくデビュー勝ちを収めた翌週の阪神3歳Sで、当時のレコードとなる1分34秒4という好タイムで差し切り勝ちを収めて関西王者の座につき、クラシック候補に名乗りを挙げた。

年明け初戦には弥生賞を選択し、最後の関東王者リンドシェーバーとの「東西対決」を制して重賞2勝目を挙げ、クラシック初戦の皐月賞では、トウカイテイオーと初めて対峙し、単枠指定の2番人気に支持されたが、無敗の皐月賞馬トウカイテイオー誕生を目の前に4着完敗。日本ダービーには直行せず、トライアルのNHK杯を豪快な追い込みで制してその刃を研いだが、本番を目前に骨折が判明して無念の回避となった。自身不在のダービーをも制して無敗二冠馬となったトウカイテイオーへの雪辱を誓った秋だったが、今度はそのトウカイテイオーが骨折で不在となったうえ、2戦続けて1番人気に支持されながら連続2着となり、ついにクラシックの栄冠を摑むことはできなかった。

古馬になると、初戦に選んだ産経大阪杯で骨折の傷が癒えたトウカイテイオーと約1年振りの再戦を果たす。しかし、トウカイテイオーが文字通り持ったまま復帰戦を飾った一方で、終始手応え悪く7着に敗れた。「世紀の対決」とも謳われた天皇賞（春）では、トウカイテイオーとメジロマックイーンの対決に注目が集まる中、大きく差を開けられた3番人気でレースを迎えると伸びあぐねたトウカイテイオーに一矢報いる3着となった。同期の二冠馬に初めて先着したことでさらなる飛躍が期待されたが、次走の安田記念で11着に敗れた後、屈腱炎が判明する。同年秋にトウカイテイオーが真の強さを取り戻すところに立ち会うことなく、最後の関西王者イブキマイカグラは静かに現役を退いたのだった。

（秀間翔哉）

父　リアルシャダイ
母　ダイナクラシック
母の父　ノーザンテースト

戦績　［5-3-2-4］　阪神3歳S　弥生賞　NHK杯
距離適性　中～長距離
脚質　追込

同時代ライバル

レオダーバン

テイオーの存在を感じさせた菊花賞
名馬マルゼンスキーの血を受け継ぐ実力派

シンボリルドルフが三冠を達成した1984年菊花賞、勝ち馬から3秒6離された9着で入線したのが、函館3歳Sの勝ち馬であり後に七夕賞を勝つサクラトウコウ。古馬になったシンボリルドルフが圧勝した天皇賞（春）で、5着に敗れた三冠馬ミスターシービーに先着する3着と善戦したのが、後に宝塚記念を勝つスズカコバンである。この2頭はいずれも、70年代後半の競馬を盛り上げた名馬マルゼンスキーの産駒だ。いずれも実力はありながらも、稀代の名馬、皇帝シンボリルドルフに先着することは叶わなかった。

時は流れ、90年12月。マルゼンスキー産駒の期待馬レオダーバンは、芝1600mの新馬戦に登場。そこを華麗に逃げ切ったレオダーバンは、ダート戦の4着を経て山桜賞、青葉賞と連勝し、日本ダービーへと駒を進めた。当然、戦績からしても有力視されるが、その年には絶対的な注目馬がいた。シンボリルドルフ産駒の皐月賞馬、トウカイテイオーである。

迎えた、ダービー当日。スタートからしばらく同じようなポジションにいた2頭、レオダーバンとトウカイテイオーだったが、早めに進出を開始したトウカイテイオーにレオダーバンは付いて行くことが出来ない。いや、正確には他の18頭と比べれば、もっともトウカイテイオーに近いポジションでゴールはしたのだが、それでも勝ち馬トウカイテイオーは3馬身先にいた。何度やり直して走っても決して取りこぼさないような、危なげのない勝ち方だった。

レオダーバンも、3着のイイデセゾンに1馬身1／4差、4着のコガネパワーにもさらに1馬身1／4差をつけているのだから、それこそ「テイオーさえ、いなければ…」というレースである。陣営も、さぞかし悔しい想いをしたことだろう。

しかし、その「いなければ…」を大舞台で試す機会が、秋にやってくる。トウカイテイオーが戦線離脱したあとに迎えたクラシック最終戦、菊花賞である。

その菊花賞で、ダービーでトウカイテイオーが陣取った6番手付近を確保したレオダーバン。直線でも危なげのない堂々たる走りを見せ、2着のイブキマイカグラに1馬身半差をつけて完勝したのだった。しかし一方で、ダービーで後続につけたものとあまり変わらない着差から、逆に「テイオーが、いれば…」をかえって感じさせる結果でもあった。

最後に2頭が激突した有馬記念では、トウカイテイオーが11着、レオダーバンが13着。その差はクビ差＋2馬身半と、ダービーを彷彿とさせるもの。間違いなく強かったレオダーバンだが、3馬身先にトウカイテイオーの姿がある悔しさも併せ持つ馬である。（緒方きしん）

父　マルゼンスキー
母　シルティーク
母の父　ダンサーズイメージ

戦績　［4-1-1-3］　菊花賞
距離適性　中〜長距離
脚質　自在

同時代ライバル

メジロパーマー

不可思議な出走＝常識外のローテーション
テイオーを尻目に春秋グランプリ連覇

常識外。GI2勝を挙げたメジロパーマーを一言で表すと、この3文字が思い浮かぶ。

デビュー3戦目に芝1200mの未勝利戦を勝ち上がると、次走で1700mのコスモス賞を連勝。通常なら距離を延ばすところだが、陣営は次走に芝1200mの萩Sを選択（9頭立て9着）。再び中距離に戻すと、4歳（現3歳）夏にダート戦を選択。3走後に芝2000mの函館記念を走ると、半年間の休養を経て芝1200mの鈴鹿Sで復帰。と思えば3走後に春の天皇賞に出走。めちゃくちゃなローテーションだった。

それでも、パーマーは同年の札幌記念で重賞初制覇を遂げる。ここからGII路線を歩むだろうと思いきや、京都大賞典で3秒以上の大敗を喫した直後、障害未勝利戦を優勝。「障害入りか。早いな」と思いきや、3ヶ月の休養を経て芝1400mのコーラルSを叩き、「世紀の対決」春の天皇賞に出走。ハナを切り7着に終わった。

現代ならばありえない使われ方である。こうしたローテに応えたパーマーは、ここからG

Ⅰを2勝するのだから、正に常識外だった。

新潟大賞典を勝って挑んだ宝塚記念で逃げ切り勝利。2着だったカミノクレッセは前走の天皇賞でメジロマックイーンの2着馬である。3着馬との差が7馬身、4着馬との差は12馬身。「同じメジロのパーマーがマックイーンに代わり逃げ切ってしまいました！」という杉本清アナのセリフは今も脳裏に残っている。

秋は京都大賞典を9着、天皇賞（秋）を17着と大敗するも、秋3走目の有馬記念では後続を大きく離しての逃げ切り勝利。前走のジャパンCで4着と好走したレガシーワールドの猛追をハナ差退けてしまった。1番人気トウカイテイオー、2番人気ライスシャワーら人気馬は展開負け。パーマーはシンザン、スピードシンボリ、トウショウボーイ、イナリワンに続くグランプリ連覇を成し遂げた（その後ディープインパクトなど9頭が達成）。

通常、後続が近づくと逃げ馬はズルズルと後退するのが常だが、メジロパーマーは普通の馬とは違い、長くいい二の脚を使えた。7歳（現6歳）になり阪神大賞典を優勝後、天皇賞（春）を3着。「もはやノーマークではいられない」と思うも、秋は2400mの京都大賞典（9着）を走った直後に1400mのスワンSを選択（11着）し、次走はジャパンC（10着）。

突如行われる「不可思議な出走」は、目標に向けた調整の意味合いを込めた「たたき台」だったのか。今も謎だが、競馬を面白くしてくれた1頭なのは間違いない。


（後藤豊）

父 メジロイーグル
母 メジロファンタジー
母の父 ゲイメセン

戦績 ［9-5-2-22］ 宝塚記念　有馬記念　阪神大賞典　新潟大賞典　札幌記念
距離適性 中〜長距離
脚質 逃げ

同時代ライバル

ダイタクヘリオス

父ビゼンニシキの無念を晴らせ！路線転向をきっかけに飛躍したマイル王

トウカイテイオーが父シンボリルドルフの栄光を追って走った名馬であるならば、ダイタクヘリオスは父ビゼンニシキの無念を晴らすべく激走した名馬と言えるだろう。

父ビゼンニシキはシンボリルドルフの同期で、デビューから4連勝で共同通信杯4歳Sを勝利し、皐月賞ではシンボリルドルフと競り合っての2着など、持ち前のスピードを武器に好走を見せた。しかし、秋初戦のスワンSでレース中に故障し、1984年から開催されたGIマイルCSに出走することは叶わずにターフに別れを告げた。

それから5年の月日が経った89年秋、ダイタクヘリオスは京都競馬場で新馬戦を3戦して初勝利を挙げると、暮れには若き日の武豊騎手を鞍上に迎えてGI阪神3歳Sに挑んだ。父譲りのスピードを披露し、逃げて4コーナーを先頭で回ったが、ゴール寸前わずかにアタマ差捉えられて、惜しくも2着に終わった。

クラシックトライアルでは結果が出ず、以降は父の目指した短距離路線に戦場を移した。

その結果、GⅢクリスタルCでビゼンニシキ産駒初の重賞制覇を成し遂げ、秋にはマイルCS出走を果たした。結果は振るわなかったが、約1ヶ月後のGⅠスプリンターズSでは5着で掲示板に載り、古馬になっていよいよ本格化を迎えた。

5歳（現4歳）初戦の淀短距離S4着を経て、GⅡ読売マイラーズCで5馬身差のレコード勝利。その後連敗するが、春のGⅠ安田記念では10番人気の低評価を覆して2着に好走、7月には2000m戦のGⅡ高松宮杯で先行抜け出しから粘り込み、距離の壁も克服した。

そして5歳秋、ついに栄光の瞬間が訪れる。秋初戦で敗れたことにより、4番人気で挑んだマイルCS。主戦の岸滋彦騎手が手綱を抑えるが、ダイタクヘリオスは行きたそうに首を上げた。残り1000m、ダイタクヘリオスに手綱を譲り、コーナーで先頭に抜け出すと、後続を2馬身1／2離して粘り込み、ついにGⅠのタイトルに手が届いた。

6歳（現5歳）春シーズンは読売マイラーズC連覇の1勝に終わるが、秋初戦はGⅡ毎日王冠でレコード勝ちし、天皇賞（秋）で遂にトウカイテイオーと対決する。結果は超ハイペースで競り合って共倒れに終わり、着順でも勝つことは出来なかった。

それでも、三度目のマイルCSでは、前年を彷彿とさせる走りを披露し、1分33秒3のレコードタイムを出して連覇を達成。マイペースなら負けなかった。

ダイタクヘリオス、彼もまた確かなスピードを持った名馬に違いない。

（松崎直人）

父 ビゼンニシキ
母 ネヴァーイチバン
母の父 ネヴァービート

戦績 ［10-6-1-18］ マイルCS（2勝） 高松宮杯 毎日王冠 読売マイラーズC（2勝） クリスタルC
距離適性 短〜中距離
脚質 先行

同時代ライバル

レガシーワールド

競馬史に残る「名騸馬」状態が把握できぬパドック

さかのぼること42年前。競馬好きだった高校生の筆者は、第1回ジャパンCで1枠1番に入ったフロストキングの性別欄に「騸」という字を目にした。実家が競走馬生産をしていた教師に「これ何ですか?」と尋ねると「興奮して能力を出せない素質馬の能力を出させるため、去勢をするわけだ。お前も女の子に対してドギマギすると、勉強やスポーツに集中できなくなるだろう。人間は経験を積むことで脳内のオンオフスイッチを切り替えられるようになるが、結果を求められる競走馬だけに、興奮のスイッチが入らないようにするわけだ」と教えてもらった。

三冠レースは種牡馬選定レースでもあるため、騸馬になると三冠レースに出走できなくなる。当時、人気バンドだった横浜銀蝿を見て、王道から外れたり、学歴がなくとも社会で成功する実例を感じた私は、騸馬に肩入れするようになった。

11年後、セントライト記念を勝ったレガシーワールドを追いかけ続けた。菊花賞に出走できない同馬はオープン特別を連勝してジャパンCに出走。「落ちこぼれが成功の階段を上がっている」と感じるも惜しい4着。メジロパーマーが勝った有馬記念ではゴール前、ものすごい末脚を披露したが無念の2着。翌秋は出走できない天皇賞（現在は騸馬も出走可能）を飛び越し、京都大賞典からジャパンCに挑んだ。

「落ちこぼれの英雄になってほしい」――こう感じて東京競馬場へ行くと、私に競馬のいろはを教えてくれた教師に出会った。「先生、今日は何を買います？」と聞くと「レガシーが面白いと思う。人気は落ちたけど、ここは買いどきだと思う」と語った。私の思いと一致したため、二人で単勝を買いながらモニターを見つめると、前年の有馬記念で交わせなかったメジロパーマーがハナを奪い、レガシーは2番手につける。スローペース＝絶好の展開の中、追い出しをギリギリまで我慢したレガシーは残り200mで先頭に。1番人気コタシャーンや4番人気ウイニングチケットの追撃を許さず、騸馬として初のGI馬に輝いた。後でVTRを見ると、1番人気コタシャーンの鞍上であるK・デザーモが「残り100m」のハロン棒をゴールと間違え、一瞬追うのをやめたが、たとえゴールを間違えず追い続けたとしても、レガシーを逆転するのは不可能だっただろう。騸馬となっても気性難は残り、パドックでは発汗が他馬より多く、レースと勘違いするのか馬場入り後も返し馬をせずにゲート入りする。現場派の私にとって「パドックも返し馬も参考にならない」馬でもあった。

（後藤豊）

父　モガミ
母　ドンナリディア
母の父　ジムフレンチ

戦績　［7-5-2-18］　ジャパンC　セントライト記念
距離適性　中〜長距離
脚質　先行

同時代ライバル

レッツゴーターキン

後方待機→直線での追い込み　ワンチャンスをものにした秋の天皇賞制覇

「前半1000mを57秒で通過しております」――ゲートが開いて約1分後、アナウンサーがこう語った。ハナを切ったメジロパーマーと2番手のダイタクヘリオスに次いで3番手にトウカイテイオー。春の天皇賞以来半年ぶりのレースだったが、前半の通過タイムはさすがに速すぎる。

「これで勝てるか。勝ったら化け物だ」と大きな不安が頭をよぎった。

4コーナーを回って内を突いたトウカイテイオーだが、天皇賞史上稀に見るハイペースを先行しては末脚も持続しない。残り100mを過ぎて外から1頭の馬が駆け上がってきた。11番人気のレッツゴーターキン。3ハロンの上がり時計36秒6は、トウカイテイオーが示した38秒0を1秒4も上回っていた。

1馬身半差の2着はレッツゴーターキンよりさらに後方にいたムービースター。天皇賞史上唯一の追い込み馬同士の決着は、競馬を始めて間もなかった私にとって驚きの内容であり、競馬を学ばせてくれる展開となった。

1番人気トウカイテイオーと3番人気ダイタクヘリオスはともに2、3番手を走る先行タイプである。レースのカギを握ると感じたダイタクヘリオスは前走・毎日王冠を逃げて勝利。1000m通過タイムは58秒4だったが、本番の天皇賞は前走より0秒9も速い。「よーいドンで走ったら敵わないが、速い展開で前が潰れたときに出番がやってくる」——こんなイメージで後方からワンチャンスに懸けたのがレッツゴーターキンだった。

レース後のインタビューで鞍上の大崎昭一騎手は「いつもより流れは速かったです。速い流れには強い馬です」と語っていた。その言葉通り、3走前の北九州記念（当時1800m）は58秒8でクビ差2着、2走前の小倉記念は1000m通過59秒6でハナ差2着。前走の福島民報杯も60秒3の流れを中団から差して3馬身差の圧勝をしていた。状態的にはピークであり、「こういう状況の差し馬は一発を狙ってくる」と学ばせてくれた。

テイオーの父シンボリルドルフも秋の天皇賞で「あっと驚くギャロップダイナ」の直線一気に屈した。

息子も父と同じく、休み明けで伏兵に敗れてしまった。

レッツゴーターキンが勝って以降、秋の天皇賞において追い込み馬同士のワンツーフィニッシュは30年間目にしていない。文字通り「希少価値のある勝利」だった。

（後藤豊）

父 ターゴワイス
母 ダイナターキン
母の父 ノーザンテースト

戦績 ［7-5-2-19］ 天皇賞・秋　小倉大賞典　中京記念
距離適性 マイル〜中距離
脚質 差し

同時代ライバル

ライスシャワー

天皇賞・春でメジロマックイーンを撃破
長いトンネルを抜けた先に辿り着いた栄光

1993年末の中山競馬場、トウカイテイオーが実に1年ぶりの実戦ながら有馬記念を制した。このいわゆる「奇跡の復活」を目の当たりにしながら、自身は長い不振のトンネルから抜け出すことが出来ずにもがいている馬がいた。ライスシャワーである。

トウカイテイオーの一つ下の世代だったライスシャワーは、リアルシャダイ産駒らしく長距離でその真価を発揮した馬だった。日本ダービーで二冠馬となったミホノブルボンの2着となって頭角を現わすと、菊花賞ではそのミホノブルボンの三冠を阻止する勝利を収めてGI初制覇を飾る。翌年の天皇賞（春）ではメジロマックイーンの同一GI3連覇の夢を破るなどして一気にスターホースの階段を駆け上がっていった。

ライスシャワーとトウカイテイオーは同じ時代を生きたスターホースであるにもかかわらず、その生涯で顔を合わせたのは92年と93年の有馬記念のわずか二度だけだった。初顔合わせとなった92年の有馬記念では、ジャパンCを勝利したトウカイテイオーが1番人気、菊花賞馬となったライスシャワーが2番人気でレースを迎えたものの、2頭とも人気に応えることができず後方のままレースを終えた。二度目は先に述べた通り、復活を遂げたトウカイテイオーと不振に苦しむライスシャワーの明暗がハッキリと分かれる形となった。結果としてトウカイテイオーはそのレースを最後にターフを去ることとなったが、一方のライスシャワーはそこからさらに1年以上もの間、勝利のない期間を過ごすことになる。

前回の勝利から丸2年が経った95年の天皇賞（春）、勝手知ったる京都競馬場の長距離でライスシャワーに待ちに待ったその瞬間が訪れた。スローペースで進む馬群の外目を先行したライスシャワーは、第3コーナーの上り坂から先頭に立ってロングスパートを仕掛けると、17頭を引き連れて第4コーナーを回った。決して大きくはない馬体を目一杯に使って、ライスシャワーが京都のゴール板を三度《みたび》先頭で駆け抜けた。

三冠を阻止し、3連覇の夢を破ったライスシャワーは、時として「ヒール」のように語られることすらあった。しかし、長く暗いトンネルを抜け、自らの脚で三度目の栄光に辿り着いたその姿はまさに「ヒーロー」そのものであったように思う。

「おそらく、おそらくメジロマックイーンも、ミホノブルボンも喜んでいることでしょう」

直接の激闘を繰り広げた2頭には及ばないにしろ、トウカイテイオーもきっとライスシャワーの復活を喜んでいた…と、そんな思いを巡らせてみようではないか。

（秀間翔哉）

父　リアルシャダイ
母　ライラックポイント
母の父　マルゼンスキー

戦績　［6-5-2-12］　菊花賞　天皇賞・春（2勝）　日経賞
距離適性　長距離
脚質　先行

同時代ライバル

マチカネタンホイザ

美しき栗毛の「タンちゃん」助演男優ポジションにいた愛されキャラ

1990年代前半、「タンちゃん」の愛称で親しまれた名バイプレイヤーが走っていた。GI制覇こそ無かったものの、GII3勝、GIII1勝の重賞4勝の成績で、7歳（現6歳）まで現役生活を過ごし、種牡馬として引退した。タンちゃんはミホノブルボン、ライスシャワーと同期で、92年クラシック戦線を駆け抜け、皐月賞7着、日本ダービー4着、菊花賞3着の三冠皆勤出走馬。名をマチカネタンホイザという美しい栗毛の馬だった。

マチカネタンホイザは、古馬になってもGIレースの常連で、5歳（現4歳）から7歳（現6歳）まで8戦出走している。この時代の名馬との対戦はほぼコンプリートし、しかも出走レースの半分は掲示板に載る優等生だった。また、同時代を過ごした「ミスター3着」ナイスネイチャと、何回も入着争いを繰り返しながら、「助演男優」のポジションを共に担っていた。

マチカネタンホイザが出走したレースには、いつも錚々たるメンバーが名を連ね名シーンが繰り広げられる。そんな中でも、彼はしっかりと爪痕を残す働きを見せていた。

ミホノブルボンが圧勝した日本ダービーで、直線最後方から猛然と追い込んでの4着。

メジロマックイーンの3連覇を阻んだライスシャワー優勝の天皇賞（春）では、大きく離されたものの、第2集団の先頭となる4着で入線。翌年のビワハヤヒデが独壇場となった天皇賞（春）でも、ナイスネイチャに次いで5着にその名を残している。

「史上最高の復活劇」として今も語り継がれている、93年有馬記念。

トウカイテイオーが演じた中363日ぶりの復活勝利レースにも、マチカネタンホイザの名はしっかりと出馬表に刻まれていた。菊花賞馬ビワハヤヒデが直線で抜け出し、トウカイテイオーが外から襲いかかる。スローモーションのように、一完歩ずつトウカイテイオーが追い詰め、そして差し切るシーンから3馬身後方での3着争い。外からナイスネイチャ、誰もいない最内に最後方から突っ込んできたのがマチカネタンホイザ。

トウカイテイオー勝利の後方で展開されたもう一つのデッドヒートは、ナイスネイチャがアタマ差で3着を死守。マチカネタンホイザは「定位置」の4着に落ち着いた。

決して秀でた脚を持っていた馬ではない。歴史に名を残す勝利を飾ったわけでもない。それでも時代を作った名馬たちと堂々と渡り合い、記憶に残るシーンを演じたマチカネタンホイザ。彼こそ、90年代前半を盛り上げた「最優秀助演男優」かも知れない。


（夏目伊知郎）

父 ノーザンテースト
母 クリプシー
母の父 アローエクスプレス

戦績 ［8-2-2-20］ 目黒記念　AJCC　高松宮杯　ダイヤモンドS
距離適性 中〜長距離
脚質 先行・差し

同時代ライバル

イクノディクタス

メジロマックイーンが恋した牝馬
安田記念と宝塚記念で歴史的名牝に

メジロマックイーンが恋した牝馬と言われ、初仔もマックイーンとの間にもうけたイクノディクタス。一緒に語られることも多い2頭だが、テイオーと対戦した回数のほうが、マックイーンのそれより1回多いことはあまり知られていない。

しかも、2頭が対戦したレースを詳しく見ると、テイオーが出遅れた有馬記念以外は、仲睦まじげにかなり近いポジションでレースを進めていた。そう考えると、マックイーンの方が近しい存在だったと、一概には言えないのかもしれない。

そんな2頭の初顔合わせとなったのが、1992年の産経大阪杯。前年のダービーを完勝したものの、骨折により、シンボリルドルフに続く父仔無敗三冠の夢を諦めざるを得なかったテイオーが、およそ10ヶ月ぶりに復帰を果たしたレースである。

このとき、関西の競馬ファンは、前年秋によもやの3連敗を喫したマックイーンから無敗の二冠馬へと心変わりし始めており、それはレース実況にも飛び火。勝負どころの3〜4コーナー中間、絶好の手応えで快走するテイオーの姿が映し出されると、競馬実況の神様こと杉本清アナウンサーが「前の2頭はもうどうでもいい」と思わず言ってしまったことはあまりにも有名で、「前の2頭」のうちの1頭こそが、紛れもなくイクノディクタスだった。

そして、この実況が発憤材料になったのかどうか定かではないが、それまでわずか重賞1勝だったイクノディクタスは、ここから快進撃を開始。5月のエメラルドSで1年ぶりの通算5勝目を手にすると、それも含め、わずか4ヶ月で5戦4勝、重賞3勝の固め打ち。「夏女」の座を不動のものとし、毎日王冠でも当時の日本レコードで駆け抜けたダイタクヘリオスから1／2馬身差2着と好走して見せた。

その後、秋のGⅠで上位争いに加わることは叶わなかったものの、オールカマーから有馬記念までのローテーションは、伝説となった89年のオグリキャップと同じ。最終的に、この年16戦を消化し、「鉄の女」としての地位も確固たるものとした。

さらに、翌7歳（現6歳）シーズンも10戦し、安田記念と宝塚記念で連続2着と好走。当時の賞金女王へと上り詰めたが、この時代は古馬牝馬限定のGⅠがなく、とりわけ2000m以上のGⅠで牡馬と混じって好勝負を演じることはウルトラC級の難易度。そのため、マックイーンの2着に好走した宝塚記念の実績は計り知れないほどの価値があり、イクノディクタスは歴史的名牝としてその名を日本の競馬史に刻み込んだのである。

（齋藤翔人）

父 ディクタス
母 ダイナランディング
母の父 ノーザンテースト

戦績 ［9-8-5-29］ 京阪杯　金鯱賞　小倉記念　オールカマー
距離適性 中距離
脚質 先行・差し

同時代ライバル

ツインターボ

小柄な馬体ながら後続を寄せ付けず多くのファンを揺さぶった逃げ馬

「逃げ馬が好きでたまらない」――こんな競馬ファンも少なくない。私もその一人だ。逃げ馬が勝つ確率はおよそ5〜6回に1回ほどだが、単勝オッズは予想よりも高いケースが多々ある。単勝狙いのキモでもあるのだ。

逃げ馬の妙味、を教えてくれたのがツインターボだった。スタートから飛ばすため、いつ捕まるか分からない。いわゆる「タメ逃げ」ではないため、後続馬も追いかけにくくなる。途中で息を入れるも、最後の直線で逃げ粘るスタミナをキープする。馬体重410キロ台のツインターボは、小柄な馬体ながらタフなスタミナを所持する馬だった。

忘れられないのが6歳（現5歳）夏の七夕賞だ。前半1000mを通過した際のペースは57秒4。普通の馬なら直線でバテてしまうが、直線に入っても脚は衰えるどころか後続を寄せ付けない。終わってみれば2着に4馬身差。上がりタイム37秒7はメンバー中4位。2着に退けたアイルトンシンボリが、この後ステイヤーズSとメイSを連勝するのだから、強力なメンバー相手の逃げ切り勝利だった。

勢いに乗ったツインターボは続くオールカマーも連勝。菊花賞馬ライスシャワー（3着）に5馬身差以上をつける逃走劇。「逃げ馬とは勢いに乗ると一流馬すら寄せ付けない」と感じさせてくれた。

反面、捕まってしまうと大敗するのも逃げ馬である。重賞連勝で迎えた秋の天皇賞は17着大敗。この2年前に初挑戦した有馬記念も14着。直線の長い東京コースで3戦全敗した通り「逃げ馬は小回りコースでこそ狙い目」と私に学ばせてくれた。

小柄な馬体だったのも、ツインターボが人気を博した理由だと感じている。逃げ馬としてもっとも印象的だったサイレンススズカは馬体重430～440キロ台の小柄な逃げ馬だったが、ツインターボはもっと軽量だった。馬体重が軽いから脚に負担がかからないのかもしれないが、通常のGⅠ馬よりも小柄であると、体力が足りない感もある。そんな欠点を、逃げることで補ったのかもしれない、と想像してしまう。

8歳（現7歳）になり上山競馬へ移籍。転厩初戦を制したものの、その後9戦大敗が続いた。小柄な馬体で大逃げをしてきた反動か、走るのが嫌になったのかもしれない。

この馬の成績を振り返ると、玉砕覚悟の逃げ馬は、ものすごく競馬を面白くしてくれる。令和のツインターボを待ち望むのは、私だけではないだろう。


（後藤豊）

父 ライラリッジ
母 レーシングジイーン
母の父 サンシー
戦績 ［6-2-0-25］ 七夕賞　オールカマー　ラジオたんぱ賞
距離適性 中距離
脚質 逃げ

同時代ライバル

ホワイトストーン

90年代を代表する歯がゆい名馬 勝利した時の感激はひとしお！

「勝てそうで勝てない…」「実力はあるのに…」——こうしたタイプの馬は、ファンに歯がゆさを感じさせる。筆頭格のステイゴールドはGIレースに限っても2・3着が6回もあり、追いかけ続けたファンに幾度となく悔しい思いをさせたが、引退レースの香港ヴァーズを勝ち、最後に感涙を与えた。

声援を送り続けた馬が勝った瞬間、何とも言えぬ感動を覚えるのも競馬の妙味だ。

1990年代の競馬において、何度も悔しい思いをさせられたのがホワイトストーンだ。4歳（現3歳）時は重賞に9回出走して3着以内が7回。日本ダービー3着、菊花賞2着、有馬記念3着。優勝馬は菊花賞がメジロマックイーンで有馬記念はオグリキャップ。強い馬を相手に好走を続けている。父のシービークロスは古馬になり8連勝でオグリキャップと二度も名勝負を演じたタマモクロスを輩出している。同馬と同じ芦毛でもあり、「古馬になったら今以上に成長する」と思ってしまった。

古馬初戦の産経大阪杯（当時GⅡ）を勝って重賞2勝目を挙げた際、次走の天皇賞は「間違いなく好勝負」と感じた。1番人気のメジロマックイーンには菊花賞で敗れたが、2番人気のメジロライアンには1馬身半先着している。「長距離ならライアンよりは上」と見るが直線で伸びず6着。メジロマックイーンが降着となった秋の天皇賞でも2番人気で7着。続くアルゼンチン共和国杯は1番人気ながら15着。「こんな馬ではないのに…」と感じさせた馬は、翌年に6戦するも3着（中山記念）が精一杯だった。

「追いかけても…もうダメか」と感じながら［1・2・3・3］と得意とする中山競馬場でアメリカジョッキークラブCのパドックを眺めると、久しぶりに覇気を感じさせてくれた。「好きな馬だけに良く見え過ぎたのかも…」と思い入れを捨てて返し馬をチェックすると、コースに入るや否や楽しそうに走り始めた。強豪馬相手に何度も善戦を続けてきた馬が9頭立ての6番人気。しかも馬場は3・2・1・2着と好走が目立つ稍重で、天気も小雨。「4歳時の菊花賞も雨だった」と思い出し単勝を買うと、向正面で初めてハナを奪った。すぐ後ろに前走の有馬記念を2着した1番人気のレガシーワールドがマークしている。レガシーの競馬になる、と思いきや、4コーナーから直線で後続を突き放し、差はぐんぐんと広がっていく。「ホワイト！　まさと！」と絶叫しながら先頭でゴールした瞬間、とめどなく涙がこぼれてきた。夕暮れを駆け抜けた白い馬体は今も脳裏から離れない。

（小川隆行）

父　シービークロス
母　ワイングラス
母の父　ナイスダンサー

戦績　［4-3-6-19］　セントライト記念　産経大阪杯　AJCC
距離適性　中距離
脚質　先行

一族の名馬たち

無敗三冠を達成した皇帝シンボリルドルフ、
テイオーが遺した３頭のＧⅠ勝利産駒など
競馬史に足跡を刻んだ一族の名馬たち

有馬記念を連覇、史上初のGI7勝を挙げたテイオーの父シンボリルドルフ（写真は1984年）。

一族の名馬

シンボリルドルフ

無敗三冠&GⅠ7勝 名馬が教えてくれた生き方

「馬づくりはいくら計画しても思い通りにはできない」——シンボリ牧場の経営者だった和田共弘氏の言葉である。1000頭以上の競走馬を生産した和田氏の最高傑作こそ、無敗三冠を達成したシンボリルドルフ。後にトウカイテイオーの父となった、日本競馬史上最高と言っても差し支えない名馬である。

同馬を初めて目にしたのは、1984年の皐月賞だった。パドックで目にした馬体は堂々としている。前走の弥生賞で破ったビゼンニシキ（2番人気）も美しかったが、シンボリルドルフの立ち振る舞いにはオーラを感じた。

スタート後、3番手につけると、4コーナー手前で自然と先頭に躍り出た。外からビゼンニシキが迫るも、鞍上の岡部幸雄騎手がポン、と右鞭を入れると自然と抜け出す。余力すら感じる圧勝だった。

続く日本ダービーでは、先頭馬から8番手の中団を進み、ライバルのビゼンニシキよりワンテンポ遅く追い出した。直線では一完歩ごとに差を開き、2着以下を1馬身以上突き放す。「モノが違う」と感じてしまった。

秋初戦のセントライト記念で3馬身差の楽勝を遂げると、続く菊花賞では中団やや後ろからレースを進める。3コーナー手前で各馬が追い出しを始めるも、余裕ある走りを見せるパートナーに岡部騎手は実に冷静な騎乗をしている。直線で追い出すと、瞬く間に前を行くニシノライデンを捉える。日本競馬史上初の無敗三冠馬は、薄曇りの中、ライトに照らされたゴールを先頭で駆け抜けた。

レース後の表彰式では、岡部騎手が指を3本立てた。無敗三冠馬への愛情や敬意を示したように感じた。

ルドルフのレース内容を言葉で示すと「優等生」。前年に三冠馬となったミスターシービーは後方一気の追い込み馬で、レース内容は破天荒。ファンをハラハラさせる三冠馬だったが、ルドルフのレースを見ていると、危険な雰囲気などまるで感じない。

私事で恐縮だが、当時高卒の新入社員だった私は、同期のライバルSに激しい嫉妬を感じていた。彼は我が道を行くタイプで、他人へ上から目線で接している。陰口を言われながら営業成績は私よりはるかに高い。「Sに勝ちたい」と燃えた私は営業手法を盗んだ。そんなSがジャパンCの直前に「ルドルフで堅いだろ」と言ってきた。当時の私はSの意見に耳を傾けたくなかったため、ジャパンCでミスターシービーの単勝を買った。

競馬史上初となる三冠馬対決。レース前の胸の高鳴りは、競馬ファンになって初めて体験する感覚だった。レースを目にする私には、シービーとルドルフの2頭しか目に入らない。7枠12番のルドルフは中団、1枠1番のシービーは最後方で先頭からは20馬身近く離されている。直線に入りシービーは追い出したが、前との差は詰まらない。

一方、3番手を走ったルドルフも前を行くカツラギエースを捉えきれない。「2頭のマッチレース」を想定した西浦勝一騎手の「死んだふり作戦」が功を奏した見事な逃げ脚。巧みな騎乗で「漁夫の利」を得たわけである。

このレースを目にして、私は自分の考えに疑問を抱いた。Sには勝手に嫉妬心を覚えていたが、人間の生き方など十人十色である。常に笑顔で周囲の信頼が厚い別の同僚Nのように、目の前の成績ではなく、自分の生き方を貫く方が美しい。そんな気がした。

シンボリルドルフは、相撲に例えると横綱だった。抜群の力量（16戦13勝　GⅠ7勝）を持ちつつ、品格を兼ね備えていたように感じた。大レースを勝っても普段と変わらず、堂々とした立ち振る舞いをしている。

古書で読んだ名横綱・双葉山のような雰囲気を感じた。競馬界の名横綱は、どの馬も遂げられなかったGⅠ7勝を成し遂げた。

（後藤豊）

シンボリルドルフ

生年月日 1981年3月13日
血統 (父)パーソロン
(母)スイートルナ
(母父)スピードシンボリ
調教師 野平祐二(美浦)
獲得賞金 6億8482万円(中央)
通算成績 16戦13勝[13-1-1-1]
主な勝鞍 皐月賞　日本ダービー　菊花賞
有馬記念(2勝)　天皇賞・春
ジャパンC

全成績

年月日	競馬場	レース名	距離	人気	着順	騎手	タイム	馬体重	勝ち馬(2着馬)
1983/7/23	新潟	3歳新馬	芝1000不	1	1	岡部幸雄	00:59.2	474	(ブロークンヒル)
1983/10/29	東京	いちょう特別(400万下)	芝1600良	1	1	岡部幸雄	01:37.3	474	(エビスジョウジ)
1983/11/27	東京	3歳(OP)	芝1600良	1	1	岡部幸雄	01:39.9	474	(ハルーダ)
1984/3/4	中山	弥生賞(GIII)	芝2000良	2	1	岡部幸雄	02:01.7	492	(ビゼンニシキ)
1984/4/15	中山	皐月賞(GI)	芝2000良	1	1	岡部幸雄	02:01.1	470	(ビゼンニシキ)
1984/5/27	東京	日本ダービー(GI)	芝2400良	1	1	岡部幸雄	02:29.3	476	(スズマッハ)
1984/9/30	中山	セントライト記念(GIII)	芝2200良	1	1	岡部幸雄	02:13.4	470	(オンワードカメルン)
1984/11/11	京都	菊花賞(GI)	芝3000稍	1	1	岡部幸雄	03:06.8	474	(ゴールドウェイ)
1984/11/25	東京	ジャパンC(GI)	芝2400良	4	3	岡部幸雄	02:26.5	474	カツラギエース
1984/12/23	中山	有馬記念(GI)	芝2500良	1	1	岡部幸雄	02:32.8	480	(カツラギエース)
1985/3/31	中山	日経賞(GII)	芝2500稍	1	1	岡部幸雄	02:36.2	486	(カネクロシオ)
1985/4/29	京都	天皇賞(春)(GI)	芝3200良	1	1	岡部幸雄	03:20.4	474	(サクラガイセン)
1985/6/2	阪神	宝塚記念(GI)	芝2200良		取消	岡部幸雄		-	スズカコバン
1985/10/27	東京	天皇賞(GI)	芝2000良	1	2	岡部幸雄	01:58.8	474	ギャロップダイナ
1985/11/24	東京	ジャパンC(GI)	芝2400重	1	1	岡部幸雄	02:28.8	480	(ロッキータイガー)
1985/12/22	中山	有馬記念(GI)	芝2500良	1	1	岡部幸雄	02:33.1	486	(ミホシンザン)
1986/3/29	アメリカ	サンルイレイS(GI)	芝12ハロン良	-	6	岡部幸雄	02:26.8	-	Dahar

一族の名馬

トウカイポイント

テイオー産駒のマイル王
騸馬だからこそたどり着いたあの日の勝利

この世を海としたときに、肉体はその海をゆく船だと考えることができる。そして、その船を導く羅針盤にあたるのは、私たちに授けられた血であるのだろう。凪のときにも、嵐の中でも、その羅針盤である血は、私たちの進むべき道を指し示してくれる。

「トウカイ」の冠名で知られる内村正則氏が、初めて所有したサラブレッドがトウカイクインだった。名牝ヒサトモの血を引く、そのトウカイクインから紡がれる牝系と、「皇帝」シンボリルドルフをかけあわせて生まれた、トウカイテイオー。その偉大な血を引く1頭が、トウカイポイントだった。

盛岡競馬場でデビューし、中央に移籍して古馬になってからは、陣営は中長距離の適性を模索していた。中長距離でもっとも大切とされる気性の良化を図るため、陣営は去勢という選択肢を選んだ。徐々に中距離で実績を残すようになり、7歳になった2002年にはGⅡ中山記念を勝利。さらに秋には、その血の偉大さを証明するような大仕事を成し遂げる。

迎えた、秋のマイルCS。大混戦の前評判通りに、激しい攻防が繰り広げられた直線。ひときわ目立つ伸びを見せて差してきたのは、青山形一本輪・桃袖、日本競馬史を彩ってきた「トウカイ」の勝負服。栗毛の馬体の、トウカイポイントだった。

蛯名正義騎手の手綱に導かれ、早々とアドマイヤコジーンを抜き去り、内で粘るリキアイタイカンを振り切る。さらには後ろから差してきたエイシンプレストン、テレグノシスらの猛追を退け、先頭でゴール板を通過した。トウカイテイオー産駒初めてのGI制覇の瞬間であり、それは同時に、シンボリルドルフから連なる、父仔三代GI制覇の偉業が成し遂げられた瞬間だった。

騸馬ゆえに、自らの血を残すことは叶わない。

されど、騸馬だからこそ、たどり着いた勝利でもあった。

父・トウカイテイオーは、骨折により三冠のかかった菊花賞に出走することが叶わず、春の天皇賞でもメジロマックイーンの後塵を拝すなど、淀の大舞台で輝くことはできなかった。その父から受け継いだ血だからこそ、淀で爆《は》ぜたのだろうか。淀の直線を力強く抜け出したその脚は、父トウカイテイオーの血が導いたようにも見えた。

その血に導かれ、その血の偉大さを自らの走りで証明した、トウカイポイント。紡がれてきたトウカイテイオーの物語において、欠かすことのできない1頭である。

（大嵜直人）

父 トウカイテイオー
母 マッチポイント
母の父 リアルシャダイ

戦績 ［7–8–3–19］ マイルCS 中山記念
距離適性 中・長距離
脚質 自在

一族の名馬

ヤマニンシュクル

安定したレースぶりから一転、苦境に そこから見せた2年3ヶ月ぶりの復活劇

期待の2歳馬たちをよそ目に一気の脚で駆け抜け、阪神JFを制したヤマニンシュクル。デビュー以来牡馬とのレースを重ね、逞しく育てられてきた。父はトウカイテイオーである。

当初阪神JFは新馬戦からファンタジーSと連勝中だったスイープトウショウの1強ムードだった。さらに弱冠22歳で同年の凱旋門賞を優勝した、若き日のC・スミヨン騎手も参戦。日本での初GIを狙っていた（マコトキンギンに騎乗）。一方のヤマニンシュクルは伏兵扱いだったが、1頭明らかに違う脚で飛んできては同世代の強豪をまとめて交わし切った。

3歳になったヤマニンシュクルは、桜花賞3着、オークス5着、秋華賞2着と確かな実績を重ねてきた。秋華賞ではかつて打ち負かしたスイープトウショウに勝ちを譲ってしまったものの、デビュー以来10戦中9戦で3着以内を記録。安定したレースぶりに古馬になってからの活躍が期待された。

ところが秋華賞のあと、ヤマニンシュクルはぴたっとレースへの出走がなくなってしまっ

た。秋華賞の後に屈腱炎を発症、長い休養を余儀なくされていたという。ヤマニンシュクルがレースに出ない間、同世代の桜花賞馬ダンスインザムードは秋の天皇賞で2着、香港Cにも挑戦した。

2歳以来しのぎを削ってきたスイープトウショウは、宝塚記念でのちにディープインパクトを負かすハーツクライらを退け、GI2勝目を勝ち取った。

最後の出走から1年が過ぎた頃、ようやくエリザベス女王杯の馬柱にヤマニンシュクルの名が並んだ。長いブランクを経てのGIながらも、最後まで懸命に伸びて4着に健闘。その後の2戦は不向きな展開が続いたが、とうとう1着馬まであと0秒1というところまで迫っていった。ヤマニンシュクルは5歳になっていた。

復帰後4戦目の重賞・中山牝馬S。ヤマニンシュクルは1番人気に支持された。GI馬ながらも、デビューしてから初めての1番人気。それだけ強い相手と戦ってきた証だろう。出入りの激しい展開ではあったが、いつかの阪神のように惑わず後方で自分のレースに徹した。道中蹄鉄が外れたが、それにも屈しなかった。最後の直線、ため抜いた得意の末脚を惜しみなく発揮して、誰よりも速くゴールラインに飛び込んだ。

2年3ヶ月ぶりの勝利で見事に復活を果たしたGI馬ヤマニンシュクル。父はトウカイテイオーである。

（手塚瞳）

父 トウカイテイオー
母 ヤマニンジュエリー
母の父 Nijinsky
戦績 ［4-3-4-8］ 阪神JF　中山牝馬S
距離適性 中距離
脚質 差し

一族の名馬

ストロングブラッド

芝とダートの二刀流 14ケ所の競馬場を走破したタフガイ

種牡馬トウカイテイオーが送り出したGI馬は、トウカイポイント、ヤマニンシュクル、ストロングブラッドの3頭。いずれもマイルのビッグタイトルを獲得しているが、芝とダートの二刀流として活躍したストロングブラッドは、その中でも異色の存在といえる。

ソエを考慮され、脚元に負担の少ないダートの新馬戦で初陣を飾ったストロングブラッドは、デビューから4戦して2勝とまずまずの成績。しかし、1000万（現2勝）クラスでは掲示板すら確保できないレースが続き、頭打ちの状態に陥ってしまう。

年が明け迎えた4歳初戦の早鞆特別は、新馬戦以来1年ぶりのダート戦。すると、この決断が功を奏し待望の3勝目を挙げると、芝、ダートと交互に出走した準オープン（現3勝）クラスも、わずか2戦で突破してみせた。

そして、驚くべきはここからで、今となっては懐かしの父内国産馬限定重賞カブトヤマ記念に出走すると、わずか4ヶ月前まで芝で苦戦していたのが嘘のような走りを披露。開催最終日の荒れた馬場をものともせず、内ラチ沿いを軽やかに進むと、ゴール前4頭横一線の大接戦を制し、一気に重賞ウイナーへと上り詰めたのである。

その後、自身の居場所をダートグレード競走に見出したストロングブラッドは、さくらんぼ記念1着を皮切りに、2007年のマーキュリーC（5着）まで、関東圏を中心に計8つの地方競馬場を走破。中央を合わせると、計14の競馬場を所狭しと駈け回ったが、現役生活最大のハイライトと言えば、なんと言っても05年のかしわ記念をおいて他にないだろう。

この年、統一GIへと昇格したかしわ記念には、ダート転向後3連勝でフェブラリーSを制したメイショウボーラーを筆頭に、ジャパンCダートを制したタイムパラドックス。芝ダートのGI7勝のアドマイヤドン。さらには、前年の覇者ナイキアディライトなど豪華メンバーが集結。補欠から繰り上がり出走のストロングブラッドは、伏兵とみられていた。

しかし、これら5頭が一団となって迎えた直線。当時、大井競馬場の荒井隆厩舎に所属の内田博幸騎手の渾身の右鞭に反応したストロングブラッドは素晴らしい末脚を繰り出すと、いずれ劣らぬ強豪を内からまとめて差し切り、見事ビッグタイトルを手中に収めたのである。

テイオー産駒唯一のダートグレードレース勝ち馬となったストロングブラッドは、GIに昇格したかしわ記念の最初の覇者であり、カブトヤマ記念最後の勝ち馬という、珍しい記録の持ち主でもあった。

（**齋藤翔人**）

父 トウカイテイオー
母 ワイプザアイ
母の父 Gulch
戦績 ［8-5-4-21］ かしわ記念　群馬記念　さくらんぼ記念　カブトヤマ記念
距離適性 中距離
脚質 先行

第三部　トウカイテイオーを語る

優雅な馬体に加えてハンサムフェイス。「帝王」と称された気品ある外見だ。

馬体・血統・気性・脚質・走法

あの気高さや才能はどこから来たのか？
テイオーが父や母父から受け継いだ
人智を超越したものに迫る馬体論他

馬体

テイオーの走りの根源である繋と関節部分の柔らかさの秘密とは？

「ROUNDERS」編集長　治郎丸敬之

トウカイテイオーの馬体は至ってシンプルである。シュッとした流星を伴うハンサムな顔立ち、澄んだ瞳、首差しの伸びから手肢の長さ、前後軀のバランスの良さなど、どのパーツを取り上げても水準以上であることは間違いない。ただ特筆すべき馬体かというとそうではない。460～470キロ台の馬体重は、現代ではやや小柄な部類に入るが、当時においては標準的な馬体の大きさであった。特別に大きくも小さくもない、平均点の高いバランスの取れた好馬体、というのがトウカイテイオーの馬体評である。

それではなぜトウカイテイオーはここまでの名馬になれたのか。私の見解としては、父シンボリルドルフ、さらに言うとシンボリルドルフの母の父スピードシンボリから人智を超越した気高さや精神性を受け継いでいたからである。もう少し具体的に言うと、サラブレッドの本能としての他馬よりも速く走って、少しでも前に出るという気持ちの強さやプライドの高さということ。だから彼らは肉体の限界を超えて走るのであって、馬体からだけでは推し測れない強さを持っているのだ。

トウカイテイオーがトウカイテイオーたるべき馬体の特徴を挙げるとすれば、それは繋《つなぎ》であろう。繋とは球節と蹄の間にある関節（サスペンション）にあたる部分のこと。教科書的に言うと、繋に関してはその長さと地面に対する角度を見る。大きく分けて、寝すぎた繋と立ちすぎた繋、正しい傾きの繋がある。長い繋は傾斜も大きく、普通に歩いていても、球節が深く沈むため、弾力のある柔軟な感じを受ける。

トウカイテイオーは繋が長く、弾むような歩様の馬の代表例としてよく挙げられる。当時の競馬ファンは、テイオーウォークとも呼ばれたその弾むような歩き方が印象に残っているのではないだろうか。トウカイテイオーの弾むような歩き方は、繋が柔らかくて強いこと、さらに繋が長くて球節が深く沈み込むからこその独特さであったと思う。

柔らかさと強さを両立している繋は理想である。柔らかいけど弱かったり、強いけど硬い馬はたくさんいるが、サスペンション部分が柔らかくて強い馬は意外と少ない。サスペンション部分の柔らかさや強さに関しては、馬体を外から見ても分かりにくく、実際に馬の背に跨ってみて初めて感じることができるものだ。おそらくトウカイテイオーは繋だけではなく、馬体全体のあらゆる関節部分が柔らかくて強く、曲がった分だけ反発するバネのようであったのではないかと想像する。特に若駒の頃の皐月賞や日本ダービーの走りを観ると、1頭だけ違う生き物が走っていると思えるほど、跳ねるようにして走っていた。

ところが、繋の柔らかさや長さには負の側面もある。これも教科書的には、長くて寝すぎた繋は疲労しやすく、屈腱に大きな負荷がかかるとされている。つまり、歩様の美しさはトウカイテイオーの美点の一つではあるが、欠点でもあったということだ。その証拠に、トウカイテイオーは日本ダービーを勝った直後に左第3足根骨骨折を負い、長い休養を強いられた。古馬になって、産経大阪杯で復帰を遂げたと思いきや、次走の天皇賞（春）はメジロマックイーンに惨敗を喫し、レース10日後には右前脚の剝離骨折が判明した。その後、ジャパンCと翌年の有馬記念でも不死鳥のごとく復活の勝利を飾り、計三度の骨折を乗り越え、競馬ファンに感動を与え続けたトウカイテイオーだが、この馬の強さと同居していた脚元の不安の根源は長くて柔らかい繋にあったと思う。

もちろん、短くて立ちすぎた繋も感心しない。蹄が着地するたびに、反動がダイレクトに球節を突き上げることになるため、球節を傷めてしまうからだ。トウカイテイオーのそれとは真逆で、歩様にも全く弾力が感じられず、硬い歩き方や走り方になるのである。繋に関して言えば、長くて寝すぎてもいけないし、短くて立ちすぎてもいけない、平均的な長さと角度の繋がもっとも良い。これは走る・走らないというよりは、脚が丈夫な馬を選ぶコツだと考えてもらっても良い。

それにしても、トウカイテイオーの血がここまでつながらなかったのは不思議である。例えばメジロマックイーンが母の父として、オルフェーヴルやゴールドシップ、タイセイレジェンドを通して現代競馬に影響を与えているのに対し、トウカイテイオーの姿はほとんどどこにも見えなくなってしまった。気高さや精神性の高さは仕方ないとしても、繋をはじめとした関節部分の柔らかさと強さは産駒たちに伝わり難いものなのだろう。馬体のサイズや骨格、筋肉の質や量は遺伝しやすいのに対し、部品と部品をつなぎ合わせて動かす動的な部分は繊細なのである。いつかトウカイテイオーに恩返しをしたいと思ってやってきたが、私にできるのはこうして語ることであり、トウカイテイオーらしさが伝わった馬体の馬が登場することを最後まであきらめずに待つことぐらいか。

トウカイテイオー

血統

独特の美しいフォームと体の柔らかさは遥かなる名牝の血統に由来する

血統評論家　望田潤

トウカイテイオーの牝祖、6代母にあたる久友（競走名ヒサトモ）は、東京優駿大競走（現日本ダービー）や帝室御賞典（現天皇賞）に勝った女傑です。久友の産駒は計4頭いますが牝はブリユーリボンだけ。この唯一の娘を通じて、この女傑の血は遺されていくことになります。

ブリユーリボンの娘トツプリユウは、輸入種牡馬アトランティスとの間に牝馬を産みます。この牝馬は「トウカイ」の冠でおなじみの内村正則オーナーの最初の持ち馬となり、トウカイクインと名づけられました。トウカイクインはＪＲＡで7勝をあげ繁殖入りすると、久友の血を遺すべく基礎牝馬として子孫を残していきます。

トウカイクインに有力種牡馬ファバージが配されて産まれたトウカイミドリは、ＪＲＡで1勝をあげた後に繁殖入りし、新進気鋭のブレイヴェストローマンとの間にオークス馬トウカイローマンを産みました。つづいてトウカイクインにナイスダンサーが配されて生まれたトウカイナチュラルは不出走のまま繁殖入りし、種牡馬入りしたばかりの名馬シンボリルドルフと交配されます。翌年生まれた鹿毛の牡馬はトウカイテイオーと名づけられ、大活躍を見せたのはご存じのとおり。トウカイナチュラルは優秀な繁殖で、サンデーサイレンスとの間にGⅡアルゼンチン共和国杯に勝ったトウカイオーザや、GⅡ日経新春杯2着トウカイエリートなども産んでいます。他のラインからもトウカイミドリの妹トウカイマリーがGⅢ新潟記念に勝ったトウカイタローを出すなど、久友の牝系は一気に開花しました。最近ではトウカイテイオーの全妹トウカイテネシーの孫に、ロバートソンキーが出ています。

　この牝系が発展していく上でのキー血脈として、トウカイクインの父アトランティスの母アトランティダが挙げられるでしょう。アトランティダは伝説の名牝プリティポリーにさかのぼる牝系で、父はネアルコ直仔ニンバス、母父は大種牡馬ハイペリオンという良血です。

　この「父ネアルコ系、母父ハイペリオン、牝系プリティポリー」という構成は、ノーザンダンサーの父ニアークティックと全く同じです。トウカイナチュラルの父ナイスダンサーはノーザンダンサー直仔ですから、トウカイナチュラルはニアークティック≒アトランティダのニアリークロス3×4を持つことになります。トウカイナチュラルが優秀な繁殖牝馬となったのはこのニアリークロスに因るところも大きいと考えられるのです。

　そしてシンボリルドルフの母父スピードシンボリも、父がネアルコ系で母父がハイペリオン系で、しかも母母父オーソドックスはアトランティダの母オリンピアンクイーンの全兄にあたります。つまりスピードシンボリもアトランティダやニアークティックとかなり近い血脈構成をしているわけで、トウカイテイオーはスピードシンボリ≒ニアークティック≒アトランティダのニアリークロス3×4・5とも表記できるのです。シンボリルドルフ産駒としても、トウカイクイン牝系からみても、うならされる名配合と言わざるをえません。

トウカイテイオーにはマイリージャン3×5のクロスもあります。マイリージャンは仏ダービー馬トゥルビヨンにさかのぼるヘロド系の傍系で、この父系ではフランスでリュティエが、日本ではパーソロンがリーディングサイアーとなりました。トウカイテイオーのしなやかな体質や長い繋《つなぎ》を利した美しいフォームは父シンボリルドルフと比べても独特で、これらフランス血脈特有の柔らかさを感じさせるものです。

トウカイテイオーの育成をずっと手がけていた二風谷軽種馬育成センターの岡元場長（当時）にお聞きしたところでも、ストライドの大きさが他馬と全く違うので乗っていて時計の感覚が摑みづらかったとか、虻を追い払うときに信じられない可動域で回し蹴りを見せたとか、とにかく体の柔らかさは群を抜いていたようです。産駒には「緩さ」や「故障の多さ」として伝わってしまうことも多かったのですが、それも含めてテイオーの血統の個性と言うべきでしょう。今でもパドックを歩くロバートソンキーを見ると、牝系由来の柔らかさが感じられて、オールドファンは当時のトウカイテイオーの歩きと重ねてしまうのです。

トウカイテイオー 5代血統表

シンボリルドルフ 1981 鹿毛	パーソロン Partholon（愛） 1960 鹿毛	Milesian 1953 鹿毛	My Babu 1945 鹿毛	Djebel
				Perfume
			Oatflake 1942 鹿毛	Coup de Lyon
				Avena
		Paleo 1953 鹿毛	Pharis 1936 黒鹿毛	Pharos
				Carissima
			Calonice 1940 栗毛	Abjer
				Coronis
	スイートルナ 1972 栗毛	スピードシンボリ 1963 黒鹿毛	ロイヤルチャレンジャー 1951 栗毛	Royal Charger
				Skerweather
			スイートイン 1958 鹿毛	ライジングライト
				フィーナー
		ダンスタイム Dance Time（愛） 1957 鹿毛	Palestine 1947 芦毛	Fair Trial
				Una
			Samaritaine 1949 芦毛	Maravedis
				Sarita
トウカイナチュラル 1982 鹿毛	ナイスダンサー Nice Dancer（加） 1969 鹿毛	Northern Dancer 1961 鹿毛	Nearctic 1954 黒鹿毛	Nearco
				Lady Angela
			Natalma 1957 鹿毛	Native Dancer
				Almahmoud
		Nice Princess 1964 栗毛	Le Beau Prince 1952 芦毛	Fontenay
				Quillerie
			Happy Night 1957 栗毛	Alizier
				Happy Grace
	トウカイミドリ 1977 鹿毛	ファバージ Faberge（仏） 1961 鹿毛	Princely Gift 1951 鹿毛	Nasrullah
				Blue Gem
			Spring Offensive 1943 鹿毛	Legend of France
				Batika
		トウカイクイン 1966 鹿毛	アトランティス 1959 鹿毛	Milesian
				Atlantida
			トツプリユウ 1959 鹿毛	フアイナルスコア
				ブリユーリボン

気性・脚質・走法

馬体の柔らかさが窺い知れる幼駒時代の逸話＝牧柵飛び越え

元専門誌記者　和田章郎

　名馬と呼ばれる馬たちには、一部の例外を除き、幼少期から何かしら特筆されるエピソードがあるものだ。トウカイテイオーはその代表格と言っていいが、その中身がこの馬ほどバリエーションに富んでいて、そのため特性を固定化することに悩まされ、結果としてキャラクター付けの難しい馬というのも珍しいかもしれない。

　その中で、今やもっとも有名なエピソードとして最初に挙げられる当歳時の〝柵越え外出〟からの〝柵越え帰還〟は、トウカイテイオーの持って生まれた身体能力の高さを裏付けるものとして、現役時代の四肢の運びが柔らかく、ダイナミックな走法のルーツを探る時の、重要なヒントとして扱われる。生産牧場の長浜秋一氏は当時の取材で「生まれたばかりの頃はひょろっとしていて、特に目立つ感じはなかったんです。でも放牧地に放して動きを見ていると、普通の馬とは違う柔らかさがあった。それまでにも牧柵を飛び越えて外に出ていく馬はいましたが、捕まえると決まってどこかに怪我をしている。それがテイオーの場合は、出ていったあと、また自分で飛び越えて戻ってくるんですから。そんな馬はいなかったですし、それでまたかすり傷ひとつ負ってなかったんです」と語ってくれた。そして「さすがに危ないと思って、そんなことがあった後に、柵は高くしたんですけど」と付け加えた。

その馬体の柔らかさについては、生まれた牧場を離れて育成段階に入った二風谷軽種馬育成センターでも評判になったし、栗東トレセンに入厩してからは、具体例がいろいろな表現で形容された。それこそ現役時代に騎乗した安田隆行、岡部幸雄、田原成貴の3人のジョッキーたちは、自動車に擬《なぞら》えて、それぞれの印象を語っている。ただジョッキーたちの例え話は、ざっくり言えば「高級車と大衆車の違い」といったもので、庶民感覚では理解しにくい感じもなくはない。ならば二風谷軽種馬育成センターのスタッフの一人、若林幹夫氏が「うまく言えませんが」と前置きして口にしてくれた、「ドラム缶に跨るのと、丸めた布団に跨るのとの違い」はどうだろう。こっちの方がしっくりくるのではないだろうか（実際に乗ってみなくては分からない、というのは大前提としてあるのだけれど）。

しかし、実際に乗らなくても、トウカイテイオーの柔らかさはストレートに見る人に伝わった。この馬の特性を語る際にもっとも強調される、その〝歩様〟だ。

球節と蹄の間にある繋の部分が、脚を着地させたあとに異様なほどに沈み込む。前肢も後肢も、である。当然、地面から離れる時には、タイミングがズレて脚が上がっていくように感じられる。鶏跛（けいは）だとか鳥足（とりあし）などと呼ばれ、「好ましくない」とされてきた歩様だった。現在でもそれっぽい歩様の馬はいないわけではないが、トウカイテイオーほど極端な馬はいない。そのことがますます〝特別な馬〟の印象を強くしている。

その身体の柔らかさは、四肢の運びのダイナミックさにつながった。そして類まれな推進力を生むことになった。岡部幸雄騎手が産経大阪杯直前の調教で初めて跨った時に「地の果てまで走れそう」と表現したのは、その走法からくる心地よさを表現したのだろう。

一般にトビの大きい馬は、スタート直後の初動が遅れがちになるため、追い込みか、中団からの差し、という戦法になるものだが、トウカイテイオーは出遅れて惨敗に終わった1992年の有馬記念以外は、中団より少し前のポジションでレースを進めている。それだけトビが大きくても高い機動力を備えていた、ということになるのだろう。そのうえで、いざ追い出されると、大きな推進力でもって末脚が持続する。「地の果てまで走れそう」との名手の感想は、これらの走法からくる印象を端的に語ったものだったに違いない。

冒頭に書いた通り、トウカイテイオーに関するエピソードのバリエーションの広さは、多岐にわたっていて、体質や歩様、走法といった身体能力、性能面だけでない。というより、もっとも興味深く、かつ最重要に思えるのは、その気性面について、である。

生まれ故郷の牧場主は「ちょっと難しいところがあった」と言い、育成場でもその傾向は変わらない。しかし栗東トレセンのスタッフたちは「手のかからないおとなしい馬」という評価に変わる。この点については面白い傍証がある。育成牧場では「環境に慣れるまでは、ガンとして言うことをきかないようなところがあったけど、はっきりと状況を認識できると納得する」。似たようなことはトレセンスタッフも口にしていて、やるべきことさえ分かったら、しっかりとやるような賢さがある、といった性質につながるのだろう。

これらのことを、「ちょっとわがままだけれどお利口さん」と理解するなら、〝七冠馬の初仔〟というバックボーンと、前髪を長めに垂らした風貌から、〝良家のおぼっちゃま〟風のイメージにも重なってくる。しかし、本質的な部分は幼少期にあるように思えるのだ。

長浜牧場は当時、家族3人の、本当に小規模な牧場だった。コツコツと、50年の歳月をかけてテイオーを授かった。秋一氏の母親であるスミ子さんは、自動車を気にする幼駒を気遣って、いかに遠くに自動車が見えても、通り過ぎるのを待ち続けたという。この我慢強さを、トウカイテイオーはしっかりと受け継いだのではなかったか。面白いことに、管理した松元省一師も、自身が決めた当時のローテーションについて「良く我慢できた」と振り返っている。これは偶然ではあるまい。そうでなければ、度重なる怪我からの奇跡的な復活など、あり得なかっただろう。トウカイテイオーの伝説の中で、こうした人々との濃密な関わりが生んだ精神力こそ、もっとも語られるべきエピソードと考える理由である。

第四部 トウカイテイオーの記憶

グッドルッキングホースとは何か？
最強二冠馬、坂路調教のパイオニアなど、
テイオーを特徴づけた個性を振り返る

日本ダービー勝利での口取り。鞍上・安田隆行騎手のVサイン＝二冠達成も印象的だ。

記憶 1

グッドルッキングホースは時代とともに

テイオーの別名となった「美しき姿」とテイオー以降の「グッドルッキング」なスターたち

グッドルッキングホース——文字通り、美しく見える馬である。トウカイテイオーの時代に初めて耳にした言葉であり、私もテイオーの馬体に魅了された一人だ。

パドックでトウカイテイオーを目にするたびに、オーラを感じた。30年が経過した今も脳裏に残っているのは「歩様」だ。ほかの競走馬と異なり、テイオーの歩様に柔らかさを感じた。繋が柔らかいため後肢の踏み込みが深いのだ。一歩ごとの幅は、何千頭も見てきた中でもっとも長かった。

加えてハンサムな顔立ちだった。「圧倒的なイケメン」と称する人もいるほど、目と、細長い馬相に美しさを感じてしまう。

ほかの馬には見られない、トウカイテイオーの特徴だった。

競馬評論家の故・大川慶次郎氏は、「机の上で判断できないのが良駿の鑑定です。自分なりの寸法を持つことが大事。そのためには、できる限り多くの馬を見ること」と語っていた。

この言葉に感銘を受けた私は、グッドルッキングホースを探す楽しさを競馬に見出した。

馬体の好みは十人十色である。私にとっての「グッドルッキングホース」とは「パドックで目にしたインパクト」だ。

トウカイテイオーの時代は、サンデーサイレンスの仔が競馬界を席巻する直前だった。サンデー系の競走馬が日本競馬の中心を担うようになって四半世紀が経過した。時間がある限りパドックを見てきた私が、インターネットで久しぶりに目にしたトウカイテイオーのパドック映像を見ると、「あれ?」という感覚に陥った。

懐かしさは感じるが、当時目にしたインパクトは感じなかった。サンデー系が日本競馬の中心となり、私個人の「グッドルッキング」に対する見方も、時を経て自然と変わってしまったようだ。

さて、テイオー以降、インパクトを感じたGI馬。その筆頭はウオッカだ。牝馬とはどこかしら「女の子っぽさ」を感じさせるが、ウオッカは例外だった。

牡馬かと思える堂々とした立ち姿に加え、漆黒の馬体+大きな歩様。東京の直線を駆け抜ける走りはまさに「男勝りで筋肉質な美人」。グッドルッキングならぬグッドビューティフルホースだ。

日本競馬最高の1頭と言って差し支えないディープインパクトは、私の中でグッドルッキングホースにはあてはまらない。テイオーやウオッカと比べ、馬体にインパクトを感じさせない。もっといえば、サンデー系の中でも個性的な感じがする。同じサンデー直仔のサイレンススズカにも言えるのだが、この2頭は後肢が真っすぐで長く見え、パドックでの踏み込みも深かった。2頭とも軽量だったのも共通点だ。

ディープインパクトが世に送った馬のうち、もっとも美しさを感じた馬がサトノダイヤモンドだ。

菊花賞を勝った際のパドックは1頭だけオーラが出ていた。ディープインパクトは軽量馬だったが、サトノダイヤモンドは500キロ前後。父以上に均整の取れたステイヤーかもしれないと感じた。

逆に、ディープ産駒のマイラーとして脳裏に残っている馬がダノンプレミアム。GI9勝を挙げたアーモンドアイに安田記念と秋の天皇賞で敗れたが、馬体のインパクトはアーモンドアイよりもダノンプレミアムのほうが強かった。

ここまでは馬体について触れてきたが、馬の顔についても記しておこう。

競馬界の中で、もっとも多くの馬を目にしてきたであろう、大川慶次郎氏は「馬相」について次のように語っている。

「馬を見る上で、もう一つ忘れてはならないことがあります。

顔です。これは肝要！

昔の馬喰《ばくろう》さんはよく、『顔が物語る』と言ったものでしたが、これは今でもいえること。

馬相がいい馬のほうが利口で、走るものなのです。

分かりやすく説明しましょう。

競走馬の中には、調教をやってもやっても、寝ワラまで食ってしまう馬がいるんですね。もともと馬という動物には満腹感がないためそうなってしまうのですが、利口な馬は、それをセーブできるのです。つまり、レースが近付くとそれを察知して、自分からカイバをコントロールする…。

そういう物覚えの良さ、競走馬としての自覚があるかどうかを見るのが、顔なんです」

こう語った大川氏は、当時「品のいい顔つきをしている馬」として、ホワイトストーンを挙げている。仮に大川氏が存命だったら、現代競馬でどの馬を挙げるだろうか。

ここまで、超私感的に「グッドルッキングホース」を挙げてきたが、馬の見方における物差しはそれこそ千差万別だ。

パドックでの馬体や馬相などでインパクトを感じた馬は、自身の競馬史にとって思い出深い馬となる。

あなたにとってのグッドルッキングホースとは、どの馬だろうか。


（小川隆行）

記憶
2

ダービー馬はダービー馬から!?

史上初となる「親仔無敗制覇」と
歴代の親仔ダービー馬一覧

1984年。当時大学1年生だった私は、シンボリルドルフのダービー制覇を信じて疑わなかった。競馬は始めたばかりで知識などなかったが、皐月賞での堂々たる勝ちっぷりは印象的であり、逆転しそうな馬など見当たらなかった。ルドルフは8番手=ダービーポジションを進みながら、直線では前を行く3頭を交わして堂々の優勝を遂げた。

無敗の6連勝でダービー制覇。当時はこの偉業がどれほどすごいか分からなかったが、前年の三冠馬ミスターシービーが一度だけ2着に敗れていることを知ると「キング・オブ・ホース」というイメージが湧いた。後にルドルフがシービーと3回走って3回とも先着(ジャパンC、有馬記念、春の天皇賞)すると、その想いは一層高まっていった。

菊花賞後のジャパンCで3着に敗れ初めて土がついたルドルフだが、続く有馬記念を勝つと春の天皇賞、ジャパンC、有馬記念とGⅠ4勝をマーク。引退後は10億円のシンジケートが組まれ、初年度産駒（90年）13回出走（優勝6回）、2年目（91年）30回出走（優勝18回）。このうちの1頭がトウカイテイオーである。

初年度産駒のテイオーが無敗で二冠を制し、史上3例目の「親仔ダービー制覇」は、初めての「親仔とも無敗でのダービー馬」となった。「この先、ルドルフの仔が何頭ダービー馬となるのか」「親仔三代制覇もありそうだ」と感じたが、その想いはサンデーサイレンスの登場で打ち砕かれた。

ルドルフの仔は約700頭ほど生産されたが、JRAでの重賞ウイナーはキョウワホウセキ（4歳牝馬特別、東京新聞杯）、ツルマルツヨシ（京都大賞典、朝日チャレンジC）とアイルトンシンボリ（ステイヤーズS2回）の3頭のみ。GI馬はテイオー1頭しか出なかった。

生産という視点からみても、テイオーは「奇跡の1頭」だったのだ。

テイオーも総額9億円のシンジケートで種牡馬入り。社台スタリオンステーションで使った馬房はミスターシービーが使用していた部屋で、隣にはメジロマックイーンが住んでいたそうだ。

テイオー産駒は父よりも100頭以上多く840頭ほどだったが、クラシック優勝馬は輩出できず、GI馬はトウカイポイント（マイルCS）とヤマニンシュクル（阪神JF）、ストロングブラッド（かしわ記念）の3頭に終わった。唯一のJRAGIウイナーである牡馬トウカイポイントはセン馬だったため、ダービー親仔三代制覇は夢に終わった。

さて、親仔でダービーを制したのは表の通り。２００７年にダービーを制したウオッカは牝馬として史上3頭目&唯一の「親娘ダービー馬」となった。ウオッカの仔がダービーを制すれば、と願ったが、6頭の産駒のうち、もっとも活躍したのはオープン馬タニノフランケル（父フランケル　小倉大賞典2着）だった。

さて、いまだ例のない親仔三代ダービー制覇が期待できるのは、キングカメハメハ系列とディープインパクト系列だろう。キンカメ産駒のドゥラメンテは種牡馬としても好調で、菊花賞馬タイトルホルダーと牝馬二冠馬スターズオンアース、22年の2歳女王リバティアイランドを送り出している。２４００ｍの距離も守備範囲で、リーディングサイアーランキングでも5位前後につけている。

何より驚かされるのはディープインパクトが7頭ものダービー馬を輩出した点だ。こんな例など目にしたことがない。

このうち無敗三冠馬となったコントレイルはルドルフ&テイオーに次ぐ「親仔無敗ダービー馬」であり、親仔ともに無敗三冠馬となってルドルフ&テイオーを越えてしまった。コントレイルが無敗三冠馬を輩出したら、と想像する今日このごろである。

（後藤豊）

父	仔
カブトヤマ（33年）	マツミドリ（47年）
ミナミホマレ（42年）	ゴールデンウエーブ（54年）
	ダイゴホマレ（58年）
シンボリルドルフ（84年）	トウカイテイオー（91年）
タニノギムレット（02年）	ウオッカ（07年）
ネオユニヴァース（03年）	ロジユニヴァース（09年）
キングカメハメハ（04年）	ドゥラメンテ（15年）
	レイデオロ（17年）
ディープインパクト（05年）	ディープブリランテ（12年）
	キズナ（13年）
	マカヒキ（16年）
	ワグネリアン（18年）
	ロジャーバローズ（19年）
	コントレイル（20年）
	シャフリヤール（21年）

日本ダービー親仔制覇

記憶 3

遙かなるダービー血統

伝説の名牝から受け継がれた奇跡の名馬トウカイテイオー誕生秘話

1991年の第58回日本ダービーを制し、父シンボリルドルフとの父仔ダービー制覇を成し遂げたトウカイテイオー。かつての日本生産界は今とは違い、外国産種牡馬が隆盛を極める内国産種牡馬暗黒の時代。日本ダービーを制した名馬の産駒の前には、彼らの仔たちが高い壁となって立ちふさがっていた。それだけにトウカイテイオーによる父仔日本ダービー制覇は、まさに快挙、悲願と呼べる出来事だった。

「もっとも運の良い馬が勝つ」とも言われるダービーだが、トウカイテイオーの血統を遡ると、ダービー馬が持つ運の強さをより強く実感させる1頭の名馬に辿り着く。その馬の名前はヒサトモ（久友）。日本競馬の長い歴史の中でもクリフジ、ウオッカと並んで3例しかない牝馬による日本ダービー制覇を最初に達成した伝説の名牝だ。

父に戦前を代表する大種牡馬であるトウルヌソルを持ち、母はアメリカからの輸入繁殖牝馬で星友というヒサトモ。37年3月28日の新古呼馬戦は僅差の3着に敗れるも、6日後には初勝利を挙げる。その後、2戦を挟んで迎えた4月29日のダービー当日。4番人気に支持されたヒサトモはスタートから好位につけ、2コーナーでは早くも先頭に躍り出て集団を牽引していく。そのまま先頭で最終コーナーを回ると、脚色は最後まで衰えることなく、追い込んできたサンダーランドに1馬身1／4差をつけて優勝。勝ちタイムは当時のダービーレコードを8秒8も更新する快勝劇だった。翌38年にも秋の帝室御賞典（現在の天皇賞）を制するなど活躍した後、この年限りで競走馬を引退。繁殖牝馬として第二の馬生を歩むことになる。

しかし、その繁殖生活は順風満帆とはならず、ミヤトモ、サチトモ、ヒサトマン、ブリユーリボンのわずか4頭を残したのみだった。子宮内膜炎の発症もあり、繁殖牝馬を引退して繋養されていたヒサトモだったが、終戦後の馬不足もあって49年に地方競馬で再び競走馬として復帰する。しかし、10月末の復帰から2週間あまりで5戦を走るという現在では考えられない無茶なローテーションが祟り、11月19日の調教後に倒れるとそのまま息を引き取った。この世に生を受けてから16年。日本ダービーを制した名牝の最後にはあまりに悲しすぎる結末が待っていた。

ヒサトモが残した産駒のうち、ヒサトマンは種牡馬入りするも後世に血統を残すことは叶わず、その血は唯一の牝馬であるブリユーリボンに託された。大きな期待を背負うブリユーリボンだったが母と同じく繁殖成績は芳しいとは言えず、ヒサトモの血はいつ歴史の中に埋もれてもおかしくない土俵際へと追い込まれた。

風前の灯火となったヒサトモの血統だったが、一人の馬主とめぐり合ったことで思いがけず事態が好転していく。その馬主こそ、トウカイテイオーの馬主でもある内村正則氏だ。馬主となった内村氏は、初めての所有馬として1頭の牝馬を購入した。トウカイクインと名付けられたこの牝馬は、馬主としての初勝利を含む通算7勝を挙げる。この活躍もあって競馬への想いが強くなり、トウカイクインの血統を改めて調べ直すと、3代前にヒサトモの名を見つけた。ヒサトモの競走成績やその血統背景を知れば知るほど「いずれ大物が出る血統」と感じた内村氏。トウカイクインを自身の基礎牝馬にするとともに、ヒサトモの子孫を買い求めて保護するなど、その牝系を紡いでいった。

トウカイクインの4番仔となるトウカイミドリは4歳（現3歳）の冬に膝を骨折。通常であれば安楽死処分が下されるほどの大怪我だったが、内村氏たっての希望で懸命な治療が施され、奇跡的に回復した。繁殖入りしたトウカイミドリは、初年度産駒からブレイヴェストローマンを父に持つトウカイローマンを送り出す。トウカイローマンはグレード制元年となる84年のオークスを9番人気で制して内村氏に初のGＩタイトルを贈るとともに、ヒサトモの名を再び世に知らしめ、信念の正しさを証明してみせた。その後、87年には引退して同期のダービー馬であるシンボリルドルフとの交配計画が持ち上がるも、衰えが見られないことから現役を続行。秋にはGⅡ京都大賞典を勝利している。

トウカイローマンが息の長い活躍をする一方で、このままではせっかく手に入れたシンボリルドルフの種付け権が宙に浮いてしまう。そこで内村氏はトウカイローマンの半妹であるトウカイナチュラルとシンボリルドルフを交配することにした。ナイスダンサーを父に持つトウカイナチュラルは脚部不安から競走馬として走ることは叶わず、一足早く繁殖牝馬として長浜牧場で繋養されていた。こうしていくつもの偶然と奇跡が重なり合って、88年にシンボリルドルフとトウカイナチュラルの間にトウカイテイオーが誕生した。

「もしヒサトモがブリユーリボンを残せていなかったら」「もし内村氏が馬主になってトウカイクインと出会っていなければ」「もしトウカイミドリの命が絶たれていたら」「もしトウカイローマンが87年に繁殖入りしていたら」――。

たくさんの「もし」の一つでも起こっていたならばトウカイテイオーが誕生することはなく、ヒサトモの血統が現代までつながることもなかっただろう。それだけにダービー馬が持つ運の大きさというものを感じざるをえない。

三度の骨折からの復活、1年の休養明けでの有馬記念優勝など、数々の困難を克服する奇跡を起こしてきた名馬。その背景にはもう一つのダービー血統であるヒサトモの血が影響していたのかもしれない。

（安藤康之）

記憶 4

ルドルフ&テイオー、ディープに共通する大記録

競馬史上3頭しか存在しない
日本競馬三大レースを完全制覇!

世代ナンバー1ホースを決める「日本ダービー」。

その年のチャンピオンを決める「有馬記念」。

世界の名馬と覇権を競う「ジャパンC」。

グレード制が導入されて以降、「日本競馬の三大レース」を制した馬は、わずか3頭しか存在しない。


七冠馬シンボリルドルフとディープインパクト、そしてトウカイテイオー。日本競馬史にその名を刻んだ名馬である。

無敗三冠馬となったシンボリルドルフは、菊花賞の後にジャパンCへ出走した。前年の三冠馬ミスターシービーとの初対決は競馬ファンを魅了したが、それまで3回行われたジャパンCで日本馬が未勝利だったこと、前走の天皇賞でミスターシービーがGI(級)4勝目を挙げたこともあり、ルドルフは4番人気の低評価だった。レースは二の脚を駆使して逃げ切

ったカツラギエースの3着で初の敗戦を味わったが、続く有馬記念で同馬に雪辱を果たすと、4歳春の天皇賞でGI5勝目。休み明けの天皇賞（秋）で惜敗後に挑んだジャパンCでは、外国の強豪馬9頭を相手にしない快勝劇。

日本競馬の三大レースを初めて制した。続く有馬記念も勝利して「秋古馬三冠」準完全制覇を遂げた。

ルドルフと同じく、古馬との初対戦で2着に敗れたのがディープインパクトだ。菊花賞で三冠馬となるも有馬記念でハーツクライに敗れ初の敗戦を喫したが、4歳になると春の天皇賞・宝塚記念を連勝して凱旋門賞に挑み3着入線（後日失格）。帰国後、ジャパンCと有馬記念を連勝してターフを去った。

「日本競馬史上最強馬」とも言われるが、種牡馬としての成功を鑑みると「日本競馬史上最高の価値馬」であると断言できる。

こう見ると、テイオーの価値が窺い知れる。

GI4勝に終わったトウカイテイオーだが、勝ったレースはいずれも最高峰のレースであり、大レースに照準を絞っていたわけだ。

三大レース制覇に惜しくも届かなかった、3頭の惜敗馬にも触れてみよう。

1頭目は武豊騎手にダービージョッキーの栄光をもたらしたスペシャルウィーク。4歳になり春秋天皇賞を連覇、勢いに乗ってジャパンCも勝ってみせた。前走で凱旋門賞を勝ったGI3勝馬モンジューを破りGI4勝目を挙げると、引退レースの有馬記念に出走。グラスワンダーとの一騎打ちは競馬史に残る名レースとなったがハナ差2着。「勝った」と感じた鞍上の武騎手が思わずガッツポーズをするほどの接戦だった。

勝っていれば史上初の「秋古馬三冠制覇」ともなり、競馬史に残る「悔しすぎるハナ差」だった。

もう1頭は三冠馬オルフェーヴルだ。

3歳と5歳で有馬記念を勝つなどGI6勝を挙げた名馬の「悔しいレース」が4歳時の凱旋門賞とジャパンCの連続2着。凱旋門賞では「勝った！」と感じるもゴール前でソレミアに差され日本馬初の快挙を逃した。次走のジャパンCでは日本競馬二度目となる三冠馬対決でジェンティルドンナにハナ差2着。この2レースでため息をついたファンも多かったことだろう。

ダービー2着ながらジャパンCと有馬記念を勝ったのがゼンノロブロイだ。青葉賞を制した直後の日本ダービーでは二冠馬ネオユニヴァースに差され半馬身差の2着。その後も菊花賞4着、有馬記念3着、春の天皇賞2着と惜敗が続いたが、4歳秋に天皇賞を勝って初のGI制覇を遂げるとジャパンCと有馬記念を連勝、テイエムオペラオーに続く秋古馬三冠完全制覇を遂げた。

GIレースに13回出走して「3・4・3・3」と好走を続けたが、3歳時にGIを勝てなかったことで競走馬としての評価は実績より低い。

オルフェーヴルを破ったジェンティルドンナは牝馬三冠とジャパンC・有馬記念を制している。オークスの優勝タイム2分23秒6は、1週間後に行われた日本ダービーの優勝タイム2分23秒8を上回っている。

競馬は時計がすべてではないにせよ、両レースとも良馬場で行われた場合、ダービーの優勝タイムを上回ったオークス馬は数えるほどしかいない。

2022年度の年度代表馬に輝いたイクイノックスが23年、ジャパンCを勝てばゼンノロブロイと同じ「三大レース」準完全制覇となる。とてつもなく楽しみだ。


(後藤豊)

馬名	日本ダービー	ジャパンC	有馬記念
シンボリルドルフ	優勝	優勝（4歳時）	優勝（3・4歳時）
トウカイテイオー	優勝	優勝（4歳時）	優勝（5歳時）
ディープインパクト	優勝	優勝（4歳時）	優勝（4歳時）
スペシャルウィーク	優勝	優勝（4歳時）	2着（4歳時）
ゼンノロブロイ	2着	優勝（4歳時）	優勝（4歳時）
オルフェーヴル	優勝	2着（4歳時）	優勝（3・5歳時）

日本競馬三大レース完全制覇・準完全制覇（馬齢は現表記）

記憶
5

坂路のフロンティアとしてのテイオー

「強い負荷をかけずに量をこなす」坂路調教が示した長距離対応の難しさ

通算成績12戦9勝。GⅠは皐月賞、ダービー、ジャパンC、有馬記念の4勝。現在の年齢表記の2歳〜5歳の延べ4年間に、ダービー後と、4歳春の天皇賞後、暮れの有馬記念後の三度、骨折した。繋《つなぎ》の柔らかさからくる独特な歩様と、バネの利いた、それこそ利き過ぎた走法が、故障に影響した可能性が囁かれることはあった。一方で、その都度、復活を遂げているのは事実であり、致命傷になる故障を発症したわけではないから、トウカイテイオーについて、ひと口に体質の弱さを指摘するのは早計だろう。

そのテイオーのトレーニングの軸となったのが坂路調教だ。

〝坂路の申し子〟というフレーズは、ミホノブルボンの代名詞になっている。徹底した坂路調教で皐月賞、ダービーを無敗で制して二冠馬となり、秋には京都新聞杯を制覇。無敗の三冠にリーチをかけたスピード馬だ。その馬が3000mの菊花賞を迎える時も、坂路調教を徹底した。結果2着に敗れて涙を飲み、そこでキャリアを終えるのだが、そのあまりの潔さに〝ブルボン＝坂路〟のイメージが定着することになった。

しかしミホノブルボンのクラシック当該年が1992年だから、トウカイテイオーの方が1年先輩になる。なのに〝申し子〟の称号を後輩に譲ったのは、メジロマックイーンとの対決で一敗地にまみれ、骨折明けとなる同年の秋の天皇賞でも掲示板を外すに及ぶと、続くジャパンCで初めてウッドでの追い切りを敢行。そこで結果を出し、続く有馬記念もウッド追いで臨んで、今度はキャリア最大の惨敗を喫してしまう。この2戦が〝坂路の申し子〟のイメージを崩す格好になってしまった。それでも翌93年。中363日ぶりの勝利となる有馬記念では、従来の坂路調教に戻って奇跡の復活劇を演じる。もともと松元省一師は、栗東トレセンに坂路馬場が完成後、すぐに坂路調教に切り替えた先駆者の一人でもあったが、テイオーのフロンティア的立ち位置も揺らぐことはなかった。

デビューが2歳暮れと遅かったのは、生まれてすぐは「ひょろっとしていて、まるでキュウリに割り箸を刺したような」という馬体を考慮して、じっくり成長するのを待ったため。また、ちょっと機嫌を損ねると、暴れるわけではないけれども、まったく言うことを聞かなくなるような、気性的に難しいところもあった。しかし、1歳の10月に二風谷軽種馬育成センターに移動した頃には、生産牧場で慌てずに成長を促された甲斐あって、まだ見栄えがするほどではなかったにしても、「馬体に窮屈なところがなく、バランスが取れていて、いい体つき」とスタッフが口にするまでになっていた。調教では、まずは1000mのダクからスタート。徐々にピッチを上げて、2歳の春先には5000mのキャンターが連日行われるようになる。「強い負荷をかけない替わりに十分に量をこなす」という方針ではあったが、春後半になると調教メニューに15－15[*]程度の併せ馬も加えられた。決して甘やかされていたわけではない。それで全然へこたれるところがなく、風邪などを引くこともなかったのは、やはり体質がしっかりしていればこそだったろう。

この二風谷軽種馬育成センターは、デビュー後、骨折した時は言うまでもなく、休養のたびに帰ってくる〝第二の故郷〟としても機能する。トウカイテイオーが向き合った独特の調整方法とローテーション、そして強敵相手との激戦。これらによって生じる蓄積疲労を癒す場所というのは、アスリートである競走馬にとっては、今も昔も欠かすことのできない重要な〝安息所〟の役割を果たすようだ。この地から、奇跡の復活劇を何度も見せるのだから。

2歳の10月に、いよいよ栗東へ発つ。トレセンに舞台を移すと、テイオーへの周囲の評価は一変する。多くの名馬の蹄を見てきたベテラン削蹄師は、ひと目見て「これはダービー馬だ」と口にし、担当する厩務員、助手たちも動きを見るたびに秘めた素質を確信するようになる。松元省一師は、ダービー当日からローテーションの逆算を始める。「モノが違うのだから無理はさせない」という大原則のもとに、である。それが中京デビューを選ばせ、楽勝後

＊1ハロン（200m）を15秒平均のスピードで走らせる軽めの調教。

は間隔を空けながら頭数の揃いにくい2000mのオープン特別3戦を難なくクリアして4連勝を飾る。あとは皐月賞からダービーを中5週。その間の調教は言うまでもなく坂路のみ。2本から、時には3本時計を出すこともあった。本追い切りでは、当時500mだったコースを毎回31秒台前半でまとめているが、最速では30秒7をマークしている。それがほぼ馬ナリである。

当時、胸前の筋肉は発達している反面、トモには甘さも残っていて、どちらかと言えば前肢がちの体型だった。坂路調教は腰に負担がかかりやすく、トモの運びに影響するケースもあるのだが、それだけ鍛えられるということでもある。その狙い通りに、テイオーは坂路調整をプラスに変えて、強靭なトモを身に付ける。そして皐月賞、ダービーを、ともに大外枠からの大楽勝で、坂路調整の効果を、見事に結果につなげることになった。

しかし、坂路のフロンティアとしてテイオーが担ったのは、坂路調教の難しさを示す、ということでもあった。いかに長距離に適応できる息の入れ方を身につけるのか。それは翌年のミホノブルボンに引き継がれ、現役中に三度、ラストランとなった有馬記念の後も含めると四度骨折を発症。怪我との戦いは、後の三冠馬ナリタブライアンにも影を落とすことになる。そうした名馬、名伯楽たちの様々な試行錯誤の末に、現在にいたる坂路の調教法のヒントがある。その意味でも、トウカイテイオーはまさにフロンティアだった。

（和田章郎）

記憶 6

日本競馬・変革の時代

レジャーへの変革・単枠制度廃止etc.「テイオーの時代」に起きた様々な変革

昭和から平成へと移り変わって間もない1990年ごろ。競馬はギャンブルからレジャーへと変わった。

昭和の時代は、目が血走った男性客が新聞を片手に予想を重ね、競馬場のパドックで馬を見つめる。馬券がハズレようものなら「このバカ野郎！」「金返せ！」などと騎手に罵声を浴びせていた。『笑っていいとも！』に出演した武豊騎手が「当たったら金くれるんですか？」などと笑いに変えていたが、そうした変化を招いた要因はオグリキャップの有馬記念。「もう勝てない」と言われた人気馬はラストランで見事に優勝。17万人のファンに感動を与えた武豊騎手とともにヒーローとなった。

その象徴がオグリコールだろう。まさかの優勝に感動したファンは「オグリ、オグリ！」と大歓声をあげたが、そのきっかけは半年前、アイネスフウジンが勝った日本ダービーにおける「中野コール」だった。苦労人の騎手が逃げ粘った日本ダービーで、鞍上・中野栄治騎手を褒めたたえると、翌年の日本ダービーでも遅咲きの安田隆行騎手に対してファンはエールを送った。ジャパンCでは「お・か・べ」、有馬記念では「た・ば・ら」コールが聞こえてきた。

このように、ファンに感動を与えた優勝馬へのコールは当時の小さなブームとなった。ウイニングチケットが勝ったダービーでは「勝ったら騎手を辞めてもいい」と語っていた柴田政人騎手に「ま・さ・と」コールが送られた。

もっとも、想像もしない穴馬が勝つと、コールはとてつもなく小さくなる。オグリが勝った翌年の有馬記念で「ダイユウサク」コールは（私が知る限り）起きなかった。

オグリキャップ人気は競馬を愛する女性客を増やした。女性客が増えれば、一緒に楽しむ男性客も増える。ギャンブルがレジャーへと変わったことで、競馬会もファンの琴線を刺激する様々な方策に舵を切った。

その代表例が競走馬のぬいぐるみだろう。競馬のレジャー化を象徴する代表的な現象と言ってもいい。ラストランとなった有馬記念の数年後、オグリキャップのぬいぐるみは飛ぶように売れた。今では当時のぬいぐるみが高値で取引されてもいる。トウカイテイオーやナリタブライアンなど、名馬のぬいぐるみはどれも売れた。

また、馬名入りゼッケンもこの当時に製作されている。ミスターシービーやシンボリルドルフなどの三冠馬の時代は、ゼッケンが示すのは馬番のみだった。ミホシンザンが勝った87年春の天皇賞では出走全馬のゼッケンで馬番の下に「天皇賞」という3文字が入れられた。半年後、ニッポーテイオーが勝った秋の天皇賞では、出走各馬の馬名が刻まれた。当時はGⅠレースでのみ使用されていたが、すべてのレースで導入されたのは91年の1回中山&京都からである。

ちなみに馬名のないゼッケンで勝った最後の馬は、オグリキャップが感動の勝利を果たした有馬記念の直後に行われた京都最終レースを制したエリモパサーだ。

現在は枠順が確定すると、レースごとにプリントした馬名を型抜いて、馬番が記されたゼッケンの下に熱転写し、競馬場ごとにレース前日の夕方に検量室へ納入するそうだ。

ゼッケンはレースごとに色が異なる。一般レースは白地に黒文字。ダービー以外のクラシックは紫紺に黄色文字。クラシック以外のGⅠレースは紫紺に白文字。GⅡレースは赤褐色字に白文字、GⅢレースは深緑地に白文字、特別戦は黒地に白文字。また日本ダービーは一般レースと同じく白地に黒文字だが、馬名には金色の縁取りが施されている。

また、単枠指定制度が廃止され馬番連勝馬券が導入されたのも90年代初頭である。昭和当時は電車内で競馬新聞を手にする乗客は目立ったが、平成に入ると女性が競馬新聞を片手に競馬場へ向かっている。その時代に登場した名馬トウカイテイオーが優勝した皐月賞と日本ダービーは、今は無き単枠指定レースだった。

70年10月11日。中山6レースのあきはぎ賞に出走予定だった1番人気のハスラーはゲート内で暴れてゲートを破壊した際、右後脚を負傷して競走除外となった。皐月賞4着でもあり圧倒的人気だったが、当時は単枠制度もなく、同枠馬サンダーキャプテンは単勝13・5倍の伏兵馬。当然ながらハスラーから購入した客は競馬会に返還を求めたが、競馬会は応じられず、放火や職員への暴行に発展した。こうした騒動を防止するための制度が単枠指定であり、当時は単勝支持率30％前後（単勝オッズ2・5倍）の圧倒的人気を単枠としていた。人気馬が予測不可能なアクシデントなどで競走除外となった場合、単枠指定がない枠番連勝では返還ができず、馬券ファンをモヤモヤさせてしまう。それを防止する制度が単枠指定だった。

レオダーバンが勝利した菊花賞の約1ヶ月前、JRAは馬番連勝を導入した。それまでの連勝馬券は枠連オンリーだったが、馬連＝1頭1馬番号制を併入することで単枠指定制度は過去の産物となったのである。

当時は一部で「当たりにくく配当の高い馬券の導入は射幸心を煽る」とも言われたが、気が付けばワイドや馬単＆3連複、3連単、WIN5が導入され、現在の馬券別シェアトップは3連単（約30％）。次いで3連複と馬連が売れている。当たりにくい馬券を当てる喜びこそ、馬券ファンの醍醐味となっている。

（後藤豊）

記憶 7

怪我から復活した名馬

怪我から見事に復活した ファンの感動を呼んだ名馬たち

トウカイテイオーは中363日ぶりに出走した有馬記念を勝利したあと、翌春にも骨折してしまい、夏に引退が決まった。競走生活を通し、計四度も骨折を体験する馬はそう多くない。1年ぶりに有馬記念を勝ったというだけではない。三度の骨折を乗り越え、不死鳥のごとく復活してきた不屈の闘志にファンは心を打たれたのだ。点ではなく、線で見るからこそ感じる深みが有馬記念の復活劇の向こうにあり、だからこそ、テイオーは伝説として語りつがれる。そして、テイオーは競走馬の脚元がいかにもろく、繊細なつくりなのかを伝える。

競走馬の脚元の故障は大きく分類すれば、骨折と腱の故障、そしてツメに分けられる。骨折以上に治りが悪く、厄介なのが腱。屈腱炎は競走馬の不治の病とされ、ウイニングチケット、ナリタブライアン、タニノギムレット、ネオユニヴァース、キングカメハメハ、ディープスカイ、キズナ、ロジャーバローズと多くのダービー馬の競走生活を断った。

その屈腱炎から復活したのがカネヒキリだ。3歳時に端午Sからダービーグランプリまで

4連勝を決め、秋は古馬相手にジャパンCダートで中央GI初制覇。翌年フェブラリーSも圧勝し、ダート界の頂点へ一気にのぼりつめた。だが、4歳秋に屈腱炎を発症した。その克服にかかった時間は約1年あまり。ようやく復活へというタイミングで悪夢の再発。そう、屈腱炎には再発のリスクがある。しかし、ノーザンファーム関係者は再生医療など最先端の技術で立ち向かった。復活までかかった時間は約2年4ヶ月に及んだ。復帰戦の武蔵野Sこそ9着だったが、続くジャパンCダートでは、休養中に台頭してきたサクセスブロッケンやカジノドライヴを相手に王者の魂は失われていなかったことを証明してみせた。

カネヒキリよりもさらに多い三度の屈腱炎から蘇り、8歳（現7歳）でGIを勝ったのがオフサイドトラップだ。4歳夏、5歳春、7歳春と屈腱炎を繰り返したのち、8歳春から2、3着と惜敗を続け、約3年5ヶ月ぶりの勝利が重賞初制覇。3連勝で天皇賞（秋）を制した。このレースはサイレンススズカの悲劇が記憶を埋め尽くしてしまったが、勝者は三度のケガを乗り越えたオフサイドトラップだった。8歳（現7歳）以上の天皇賞制覇はオフサイドトラップとカンパニーしか達成していない。

トウカイテイオーと同じく骨折を克服し、グランプリを勝ったのがグラスワンダー。個人的に最強世代と考える1995年生まれの牡馬で最初にGI馬になったグラスワンダーだったが、翌春に右後肢の骨折が判明し、戦線離脱。さらにその骨折の影響から走りのバランスを乱したことで左前脚に骨膜炎を発症する。休養後のグラスワンダーはかつての走りを失ったかのように報じられ、早熟馬のレッテルを貼られてしまう。そういった外野の声を見事に吹き飛ばしたのが有馬記念だった。約1年ぶりの勝利が有馬記念という4歳（現3歳）馬はそうはいない。その後、「栗毛の怪物」は度重なる故障と戦いながら、同期のダービー馬スペシャルウィークを圧倒した宝塚記念、そのリベンジをハナ差しのいだ有馬記念とグランプリ3連勝を飾り、スクリーンヒーロー、モーリス、ピクシーナイトに血をつないだ。

3歳（現2歳）王者の復活といえばアドマイヤコジーンも忘れがたい。4歳冬の骨折はボルト2本で固定しなければならないほどの重症で、復帰を目指す過程で反対側にも剝離骨折が見つかり、競馬場に戻ってきたのは約1年7ヶ月後、5歳夏のことだった。その後も骨膜炎や骨瘤に悩まされながらも現役を続ける。3歳GI以来の勝利は7歳東京新聞杯なので、約3年2ヶ月もかかった。その約半年後、安田記念で後藤浩輝騎手が青空に拳を突きあげた場面はぜひとも競馬史に残したい。

これら数々の復活劇よりもテイオーのインパクトが大きいのはなぜか。そこには骨折休養明け、大敗した有馬記念から有馬記念へとぶっつけでGIを勝ったことも大きい。そういった意味で忘れてはいけないのがサクラスターオーだ。87年皐月賞は弥生賞を勝ったサクラスターオーと寒梅賞で同馬を破り、スプリングSで強烈な末脚を披露したマティリアルとの一騎打ちムードだった。人気こそマティリアルに譲ったが、サクラスターオーは終始、外を通って先に抜け出し、内から外へ切りかえるマティリアルを完封した。再戦はダービーで。そんなマティリアル陣営の願いはサクラスターオーが繋靭帯炎を発症してしまい、潰えた。夏から秋にかけて温泉やプール調教によって回復したサクラスターオーは主戦の東信二騎手が追い切りに騎乗し、状態を確認して菊花賞参戦を決めた。皐月賞以来、中202日ぶりの菊花賞勝利は当時では極めて異例のこと。菊花賞が秋初戦であり、かつ勝利したのはサクラスターオーが初めてだった。「菊の季節に桜が満開」との杉本清氏の名フレーズは今も語られることが多い。

だが、ファン投票1位に選出された有馬記念の3、4コーナーで故障発生。懸命な治療が施されるも、137日後、安楽死処分がとられた。

歓喜と悲劇に彩られたサクラスターオーの一生もまた、我々にとって忘れえぬ記憶だ。そのサクラスターオーを超える中363日ぶりのGIで一発勝負を制したテイオーの精神力はやはり我々の心の琴線に触れる。ケガからの復活はサクラスターオーを除き、段階を踏むのが定石だ。一度痛めた競走馬の脚はその繊細さが数段上がる。一気に仕上げるリスクはファンの想像を超えるものがあるにちがいない。テイオーと陣営はそのリスクを背負い、ファンが待つ有馬記念に向かった。人知を超える物語はそうして紡がれたのだ。

（勝木淳）

記憶
8

サンデー前夜の種牡馬は花盛り

サンデー・キンカメ全盛の現代とは異なる多種多様な種牡馬が火花を散らしたあの時代

2022年の種牡馬リーディング争いトップは、またしてもディープインパクトだった。彼を含めたトップ10の種牡馬は、どれも似た血統を持つ。7頭はサンデーサイレンスの血を、4頭はキングカメハメハの血を持っている。サンデーサイレンス・キングカメハメハどちらの血も持たない種牡馬は、トップ10に1頭も食い込めなかった。

ディープインパクトの父であるサンデーサイレンスが95年にリーディングを獲得すると、08年アグネスタキオン、09年マンハッタンカフェとサンデーサイレンス産駒がそれを受け継ぐ。途中で2年ほどキングカメハメハがリーディングを奪取したが、12年にディープインパクトがトップを獲ると、そこから10年間連続でそのポジションをキープした。リーディング争いでも絶大な影響力を持つサンデーサイレンス・ディープインパクトの系譜と、キングカメハメハ。当然、大物も多く輩出していて、かのアーモンドアイやドゥラメンテも、キングカメハメハとサンデーサイレンス、両方の血を持つ名馬である。そのアーモンドアイらが活躍した15年生まれ世代で言えば、賞金額トップ20頭の名馬たちは、5頭がディープインパクト産駒であり、4頭がロードカナロア産駒という偏りがある。翌16年生まれ世代に至っては、上位20頭のうち7頭がディープインパクトの産駒であった。91年から日本で種牡馬生活を送り、日本の血統勢力図を塗り替えた伝説の種牡馬サンデーサイレンス。トウカイテイオーたちが火花を散らした91年クラシック世代は、まさにサンデー旋風が巻き起こる前夜とも言える。

トウカイテイオー世代の獲得賞金トップ20頭を眺めていると、面白い傾向が見つかる。同父なのは10位ムッシュシェクル、15位イブキマイカグラのリアルシャダイのみで、他は全て別々の種牡馬の産駒なのである。なんとバラエティ豊かな時代だったのだろうか。

この世代でトウカイテイオーを抑えて獲得賞金トップとなったのは、ナイスネイチャ。父はノーザンダンサー直仔のナイスダンサー。牝馬のトップであるスカーレットブーケ（世代9位）も、同じく父がノーザンダンサー直仔のノーザンテースト。スカーレットブーケはダイワメジャー・ダイワスカーレットらの母としても知られ、今後も日本競馬界で大いに影響力を持ち続けるだろう血脈の祖となった。

ただ、この時代はノーザンダンサー系の一強という訳ではない。例えば、様々なラインを伸ばしたテスコボーイ系も人気を集めていた。テスコボーイ系からは、川崎記念などを制したサクラハイスピード（父トウショウボーイ）が17位、中山記念など重賞3勝のダイナマイトダディ（父サクラユタカオー）が21位に食い込んでいる。テスコボーイ系といえばサクラバクシンオーを経由して今でも父系が残っている血統なので、馴染みのあるファンも多いのではないだろうか。67年に輸入されて以降、種牡馬としてだけではなく種牡馬の父としても信頼を集めていたテスコボーイだが、なかでも代表的な活躍を果たした産駒といえばトウショウボーイである。トウショウボーイは桜花賞馬アラホウトク、シスタートウショウや安田記念の勝ち馬ダイイチルビーといった活躍馬を多く輩出したが、1番の功績は、なんと言っても三冠馬ミスターシービーを送り出したことだろう。

ミスターシービーと、トウカイテイオーの父シンボリルドルフは、現役時代には有馬記念などで〝三冠馬対決〟を繰り広げた間柄だが、引退後に種牡馬としても戦いを続けた。種牡馬ミスターシービーの最高傑作は、トウカイテイオーの同期である皐月賞2着のシャコーグレイド。京都新聞杯やアメリカジョッキークラブCなどで2着に食い込む実力派だったが、皐月賞で1馬身差逃したタイトルはあまりにも大きく、種牡馬としてもシンボリルドルフに軍配が上がった形となった。トウカイテイオーと同世代でシンボリルドルフが送り出した活躍馬といえば、獲得賞金が世代29位のシャマードシンボリ。こちらもシンボリ牧場の生産馬で、重賞タイトルには手が届かなかったものの芝重賞で5着、ダート重賞で4着とマルチな活躍を見せた。

この世代の菊花賞馬レオダーバンは、父がマルゼンスキーで、その父がノーザンダンサーの血が流れるニジンスキー。この世代のニジンスキー系としては東京障害特別（秋）の勝ち馬ニホンピロラック（父ラッキーソブリン）、中日新聞杯の勝ち馬ヤマニンフォックス（父ヤマニンスキー）らが活躍。きさらぎ賞、スプリングSと連勝して皐月賞では3番人気に推されたシンホリスキーは、父がマルゼンスキー産駒の菊花賞馬ホリスキーである。

トウカイテイオーらがクラシックを走った91年の種牡馬リーディングは、トップがイイデサターンらを輩出したノーザンテースト。モガミやアンバーシャダイなどノーザンダンサーの血を持つ種牡馬は多くいたものの、エリザベス女王杯を制したリンデンリリーらを輩出してリーディング7位となったミルジョージ、クリスタルCを制したカリスタグローリらを輩出して8位となったブレイヴェストローマン、ミホノブルボンらを輩出して14位となったマグニテュードらは、父系に大種牡馬ネヴァーベンドがいる血統であるように、今ではほとんど見かけなくなったような父系がまだリーディング上位を賑わせている時代だった。イクノディクタスやムービースターの父であるディクタスらを出したファイントップ系のように、今では父系として血を残していない血統も見つかる。競馬の楽しみ方が多様化した現代だが、もしかすると血統に関しては、当時の方が多様な背景・祖先を持つ種牡馬たちの戦いを楽しめる時代だったのかもしれない。

（横山オウキ）

記憶9

がんばれ！ クワイトファイン

今や貴重なパーソロンの血を継いで父トウカイテイオーの種牡馬が目指す未来

奇跡の有馬記念を終えたトウカイテイオーは、引退後、シンボリルドルフの血を受け継ぐ種牡馬として活躍。本書で紹介しているストロングブラッドやトウカイポイント、ヤマニンシュクルのほかに愛知杯勝ち馬トウカイパルサーやマーメイドS勝ち馬タイキポーラらを輩出した。さらに母父としてはフラワーC勝ち馬ヴィーヴァヴォドカ、中山大障害馬シングンマイケルらを送り出している。2002年には、桜花賞馬アローキャリーを出したラストタイクーン、札幌記念勝ち馬テイエムオーシャンを出したダンシングブレーヴらを上回る、種牡馬リーディング16位に食い込む躍進を見せた。サンデーサイレンスの産駒であるフジキセキやダンスインザダークらがリーディング上位に食い込み始めた時代において、パーソロン・シンボリルドルフの系譜にある馬が得た〝16位〟という順位は、非常に価値あるものだったと言える。

一方で、トウカイテイオー後継馬として筆頭格とも言えるトウカイポイントは騸馬、ヤマニンシュクルは牝馬など、父系として血を残すという観点では厳しい現実が立ちはだかっていた。サンデーサイレンス系の隆盛もまた、種牡馬入りの門を狭める一因だった。

——なんとか、トウカイテイオーのサイヤーラインを繋ぎたい。

そう考えた一人が、原田治正さんだ。原田さんはクラウドファンディングを利用して1頭のトウカイテイオー産駒を種牡馬にした。それが、クワイトファインである。

「13年に福山競馬の廃止に伴いクワイトファインを購入。以後、さらに他のオーナーさんに所有を移しながらもなんとか19年まで現役を続けてきました。骨折で引退が決まったとき、当時のオーナーとも協議し、ダメもとでクラウドファンディングに懸けてみようと。一か八かの捨て身の勝負に出たわけです」

クワイトファインは、父トウカイテイオー、母父ミスターシービー、母母父シンザンという、オールドファンなら誰しもがロマンを感じてしまうのではないかというような血統を持つ。現役時代には名古屋や船橋、金沢で合計6勝をあげた同馬。まさか引退後にそうした新しいステージが待っているとは…といったところだが、23年4月現在、彼を支援する月額の会員は340人にものぼる。GI馬でも重賞馬でも、重賞出走馬ですらない馬が、多くのファンから種牡馬として血を繋ぐことを望まれる。これは、トウカイテイオーの凄まじさを改めて感じさせてくれるものではないだろうか。

種牡馬クワイトファインは、シスタートウショウの血を受け継ぐ繁殖バトルクウや、ブロードアピールの血を受け継ぐ繁殖ガレットデロワ、ハギノトップレディの血を受け継ぐ繁殖イットーイチバンなど、血統ファンの心をくすぐる繁殖牝馬を集める。牡馬の誕生が心待ちにされるが、それでなくとも大いなるロマンを見せ続けてくれている。

原田さんは、ウマフリでの連載や動画サイトでの配信など、クワイトファインの存在をアピールするとともに、この活動の必要性を説く。サンデーサイレンス系ほぼ一色ともいえる現代の生産界において、クワイトファインの血は「トウカイテイオーの後継種牡馬」というだけではない、重要な使命を帯びている。それは、サンデーサイレンス系一人勝ち状態の日本競馬において、血統の寡占化に歯止めをかけるというものだ。

しかし、新しい志を持った活動というのは山あり谷ありが世の常。原田さんはこの活動の難しいところとして、競馬サークルからは「ロマンを追い求めている」という括りで見られてしまうこと、クラウドファンディングにより種牡馬入りさせたということに抵抗感がある関係者が少なくないこと、ファンからの注目度と比べてメディアで取り上げられる頻度が低いことなどを挙げる。そこには「もっと多くの馬主さんに、この活動の意義を理解し、クワイトファインの産駒を増やそう、サラブレッドの血統の寡占化に歯止めをかけよう、と思っていただけないと…」というもどかしさ、悔しさが少なからずある。「当然、資金繰りと今後の展開に頭を悩ませ続け、投げ出したいと思ったことは何度もあります」という苦しい日々の中で、原田さんは自身とこの活動を重ね合わせることがある。「ある意味クワイトファインと似た境遇の人生を送ってきた自分にとって、徒花《あだばな》でもいいから花を咲かせるラストチャンスだと思っています」は、原田さんの言葉だ。

一方で、手応えもある。クワイトファインプロジェクトが営業をかけたというわけではなく、顔見知りでもない陣営が、客観的な判断で良血牝馬ガレットデロワとの配合を希望してきたことも、そのひとつだ。原田さんは「ガレットデロワ陣営からは2年続けて種付けオファーをいただきました。心からの感謝とともに、生まれた仔も競馬ファンの皆様にかわいがっていただけるような形でデビューを迎えられたらと思います」と、頬を緩める。

トウカイテイオーの血をもって、サンデーサイレンス系が巻き起こした血統の寡占化に切り込んでいこうとしているクワイトファイン。途方もないほど大きな野望ではあるが、トウカイテイオーのファンや血統ファンからの支援を力に、今もなお活動領域を広げ続けているのも大きな事実である。その血を信じた原田さんの活動は、数年後、さらには数十年後に驚くような展開を迎えているかもしれない。クワイトファインと原田さんの姿、そしてトウカイテイオーの血に、我々ファンは、あの日の有馬記念を彷彿とさせるような奇跡を思い描いてみたくなるのである。

（横山オウキ）

記憶 10

最強の二冠馬はどの馬？

もっとも多い「皐月賞＋ダービー」と難易度の高い「ダービー＋菊花賞」

日本競馬における歴代二冠馬は史上26頭。「皐月賞＋ダービー」は16頭、「皐月賞＋菊花賞」は8頭、「ダービー＋菊花賞」は2頭だ。

「皐月賞＋ダービー」が最多である理由は（言うまでもないが）1ヶ月の間隔で開催される点にある。状態を維持してダービーに参戦できる点は、ダービー→菊花賞の約5ヶ月の間隔とは大きく異なる。メジロマックイーンに代表される「夏の上がり馬」が参戦しないのも大きな要因だろう。

皐月賞と菊花賞の二冠馬が8頭いるのも面白い。8頭中6頭はダービーに出走、うち5頭は掲示板を確保している。

ダービー不出走のミホシンザンは皐月賞から3日後に脚元の骨折が判明。秋はセントライト記念5着から京都新聞杯を勝ち菊花賞を制した。2年後のサクラスターオーもダービーの2週間前に全治4ヶ月の重傷を負いダービーを断念。ぶっつけで菊花賞に挑むも獣医師に「ぎりぎりの状態」と言われ、鞍上の東信二騎手は「万が一の時は馬を止めてもいい」と言われて騎乗。史上5頭目となる皐月賞&菊花賞制覇（中202日は史上最長）を遂げるも、続く有馬記念で競走を中止、4ヶ月後に安楽死処分が取られている。

難しいのはダービーと菊花賞の二冠制覇だ。

昭和の時代にクリフジとタケホープが成し遂げているが、2頭とも皐月賞には出走していない。特にタケホープは「初代アイドルホース」ハイセイコーの三冠を阻止している（ハイセイコーはダービー3着、菊花賞2着）。「3000m走ってハナ差とは」と菊花賞後に語った増沢末夫騎手のコメントは今も印象に残っているが、タケホープは皐月賞をパスして2週間後の4歳中距離Sを目指し、見事に勝利。このローテーションが、ハイセイコーの野望を打ち破った要因だ。

26頭のうち、三冠すべてに出走したのは半分の14頭。1991年トウカイテイオーのように、皐月賞とダービーを勝利した反動で故障を発症、菊花賞を断念するというケースが多く見られる。三冠馬とは丈夫さも必須要素なのだ。

グレード制導入後の歴代二冠馬のうち、もっとも惜しかったのは、トウカイテイオーの翌年に二冠馬となった92年のミホノブルボンだろう。

7戦7勝で迎えた菊花賞ではハナを切れず、4戦連続で勝っていたライスシャワーに差されて2着。同馬は春の天皇賞を2勝した「スーパーステイヤー」であり、この年の菊花賞のレベルの高さが窺える。

ダービーでアグネスフライトにハナ差で惜敗した00年エアシャカールも「準三冠馬」だが、古馬になると未勝利に終わっている。GI7勝馬テイエムオペラオーに天皇賞（春）で大差負けをするなど、10戦して一度も勝てなかった。ちなみに同世代の牡馬GI最多勝馬はクラシック不出走のアグネスデジタル（6勝）だった。

古馬になってGI（級）を制した二冠馬は6頭。有馬記念、宝塚記念2勝、春の天皇賞と4勝した12年ゴールドシップが最多勝馬だが、同馬は1勝3敗だった東京コースとの相性が悪かった。

同馬と同じく皐月賞・菊花賞の二冠を制した98年セイウンスカイも、東京ではダービー4着・秋の天皇賞5着と惜敗している。

さて、近年では距離適性から菊花賞に出走せず、天皇賞（秋）に向かうケースも増えている。21年に皐月賞を優勝、ダービーでハナ差2着、天皇賞（秋）で三冠馬コントレイルを破ったエフフォーリアも「二冠馬」と位置付けていいかもしれない。翌年に皐月賞2着、ダービー2着、秋の天皇賞を制したイクイノックスのように、今後は天皇賞（秋）を目指す3歳馬の好走も多くなるだろう。

（小川隆行）

年度	馬名(GI級勝利数)	皐月賞	日本ダービー	菊花賞
1943年	クリフジ（2勝）	不出走	1着	1着
1949年	トサミドリ（2勝）	1着	7着	1着
1950年	クモノハナ（2勝）	1着	1着	2着
1951年	トキノミノル（2勝）	1着	1着	不出走
1952年	クリノハナ（2勝）	1着	1着	不出走
1953年	ボストニアン（2勝）	1着	1着	2着
1954年	ダイナナホウシユウ（3勝）	1着	4着	1着
1960年	コダマ（2勝）	1着	1着	5着
1963年	メイズイ（2勝）	1着	1着	6着
1970年	タニノムーティエ（3勝）	1着	1着	11着
1971年	ヒカルイマイ（2勝）	1着	1着	不出走
1973年	タケホープ（3勝）	不出走	1着	1着
1974年	キタノカチドキ（2勝）	1着	3着	1着
1975年	カブラヤオー（2勝）	1着	1着	不出走
1981年	カツトップエース（2勝）	1着	1着	不出走
1985年	ミホシンザン（3勝）	1着	不出走	1着
1987年	サクラスターオー（2勝）	1着	不出走	1着
1991年	トウカイテイオー（4勝）	1着	1着	不出走
1992年	ミホノブルボン（2勝）	1着	1着	2着
1997年	サニーブライアン（2勝）	1着	1着	不出走
1998年	セイウンスカイ（2勝）	1着	4着	1着
2000年	エアシャカール（2勝）	1着	2着	1着
2003年	ネオユニヴァース（2勝）	1着	1着	3着
2006年	メイショウサムソン（4勝）	1着	1着	4着
2012年	ゴールドシップ（6勝）	1着	5着	1着
2015年	ドゥラメンテ（2勝）	1着	1着	不出走

歴代二冠馬クラシック三冠成績

1993年
有馬記念

グッドルッキングホース物語
テイオー君とハヤヒデ君

漫画　UMANIACひい

そう…俺の名は
トウカイテイオー
競馬史に残る
グッドルッキング
ホースだ
自分で言うのも
なんだが…
テイオー――様――!!
キャー
キャー
帝王
ベガ・エルカーサリバー・ヌエボトウショウ
鉄の女も
この通りだ
イイ男…
ぐぎぎ
マジか…
イクノディクタス
くっそぉ…
俺だって
負けて
らんねぇ…
プル
プル
よーし!!
今から
特訓だ!!
ゴオオオ
うおぉおおお!!
イケメンクリニック
当ビル 4F
ドドド
ドド
そっちかよ

座談会

あの頃はトウカイテイオーがいた！

〈出席者〉

和田章郎（元専門誌記者）

小川隆行（編集者）

緒方きしん（ウマフリ代表）

皐月賞前にスポーツ紙で特集を組まれた逸材！
無敗の二冠制覇、独特の歩様、奇跡の復活…
当時を目撃した三人が語るテイオーの真実

ラストランの有馬記念・本馬場入場。直後の返し馬は惚れ惚れする走りだった。

衝撃だった若駒時代、先行抜け出しで無敗二冠馬に

小川：テイオーの時代、関東で関西のレースの馬券が売ってなかったので、僕が初めて見たテイオーは皐月賞でした。ほかの馬にはないオーラを感じました。競馬詩人・志摩直人さんが皐月賞のパドックでテイオーを見て「ダービーはこの馬で決まりだね」と言ったとか。長年競馬を見てきた方ですら、衝撃を受けたんですね。

和田：「シンボリルドルフの初年度産駒」として話題を集めていた。注目馬が中京でデビューするって珍しく、2着を4馬身チギって「期待以上だな」と。若葉Sのパドックでは衝撃を受けた。普通の馬ではないなと。

緒方：僕はラストランの有馬記念を見たはずですが、当時は競馬に触れ始めたころで、テイオーがどれだけすごいかなんて分かってなかったです。しばらくして「ウイニングポスト」というゲームで、改めてすごさを感じました。

和田：若葉Sまでの4戦があまりに強いので、皐月賞前にスポーツ紙が特集を組んだほどだった。

小川：「三冠馬の仔がすごい」「親を超えるか」みたいな感じだったんでしょうね。

緒方：ディープインパクトのときと、どちらが注目されたでしょう？

和田：ディープは新馬戦と若駒Sの強さが衝撃的だったけど、テイオーはデビュー前から注目を集めていた。管理する松元省一先生が「ダービーを狙うので左回りを使いたい」と、暮れの中京でデビューさせたんだ。

小川：2着との着差は新馬戦が4馬身、続くシクラメンSは2馬身。3戦目の若駒Sが2馬身半、続く若葉Sが2馬身と圧倒的でした。皐月賞、そしてダービーはまったく危なげがなく、先行抜け出しの王道競馬。予想家としての和田さんは、トウカイテイオーにどんな印をつけてました？

和田：新聞に予想が載るレースでは、4歳の天皇賞（秋）まではずっと◎だったと思う。

小川：長い競馬人生の中でも、あんな歩様の馬は見たことがないって言っていましたね。

和田：唯一だね。良血らしいなと感じた。

小川：ダービーでは初の8枠優勝馬です。勝ち時計2分25秒9は、当時2番目の速さでした。

和田：馬場が高速化に向かっていた時代だよね。

小川：皐月賞とダービーはともに大外枠から勝ちましたね。過去の二冠馬のうち、両レースとも大外って記憶にないです。

緒方：2022年のイクイノックスが2レースとも大外で連続2着でしたね。そう考えるとイクイノックスですら越えられなかった壁を、テイオーがすでに越えていたという見方もできます。

和田：大外枠って、走る馬にとっては必ずしも不利じゃないと思う。先行する際や実際の走行ゾーンによっては距離ロスも生じるけど、馬群に揉まれないし、マイペースで走れる。

緒方：テイオー以前で「先行抜け出しで強かった名馬」って、どういう馬がいるんですか？

小川：キタノカチドキかな。東京で行われた皐月賞（74年）で、前を行く2頭を見ながら3番手でレースを進めて。行った行ったの3番手から、直線で2頭の間を割って優勝。

和田：ブックの先輩の一人が〝好位差し〟という戦法を定着させた最初の馬はタニノチカラだと言ってた。

小川：タニノチカラやテンポイントも先を走って抜かせないタイプでしたね。そしてテイオーの父ルドルフも先行抜け出しの名馬でした。先輩三冠馬ミスターシービーとの史上初の三冠馬対決は、道中の位置取りが勝敗を分けた感じがしました。

和田：前年の三冠馬が最後方からの追い込みだったことで、ルドルフの王道イメージも強まったんじゃないかな。逃げるカツラギエースと追い込むシービーを、好位置からルドルフが破ったでしょ。父のイメージをテイオーが彷彿させた感はあるね。

緒方：なるほど。ルドルフはどのあたりから人気を博したんですか？

小川：弥生賞でビゼンニシキとの無敗対決を制し、続く皐月賞を勝ったあたりかな。2頭に乗り続けた岡部幸雄騎手はルドルフを選んで三冠を勝った。テイオーに騎乗して無敗だった安田騎手から岡部騎手への乗り替わりは意外でした。

和田：安田騎手が調教師試験を受けるというのもあって、いずれ乗り替わると伝わってきたね。

小川：メジロマックイーンと再戦してほしかったけど、マックも春の天皇賞後に骨折…。テイオーと同じく1年休み、翌年の産経大阪杯で復帰した。

和田：2頭は引退後、社台スタリオンステーションで馬房が隣同士だった。こういうエピソードも面白いよね。

激闘だった春の天皇賞、テイオーが負けた理由

緒方：テイオーは当初「ルドルフの仔」として見られていたようですが、どのあたりでファンに「テイオー」として認められたんでしょう？

和田：ルドルフには「負け続ける挫折」がなかったけど、テイオーは天皇賞を連敗して「ダメか」と思わせたらジャパンCを勝った。このころから「テイオー」としての物語が始まった気がする。

小川：テイオーが春の天皇賞でマックイーンに1秒7も離された理由はなんでしょう。初めての距離だったからですかね？

和田：前走の産経大阪杯と同じく、坂路でしか調整してなかったからだと思う。松元師は「私のミスだった」とはっきり言ってた。僕がテイオーを「いいところのお坊ちゃん」というひ弱な感じで見ていたのは、調教で攻めないから。ほとんど馬なりだったのも、産経大阪杯の楽勝で、陣営がテイオーを過信したかもしれない。2頭の調教を見て「マックのほうが上」と見ている人も周囲にいたね。

緒方：皐月賞とダービーを2着したイクノディクタスが秋の天皇賞と有馬記念、ドバイSCを勝ち、今や世界のトップホースと言えます。現4歳世代は強いですが、テイオー世代はレベルとしてはどうだったんですかね？

和田：高いとは言いにくい感じもする。実際、マックにチギられているし。

小川：三冠馬や二冠馬って世代間で突出した存在で、逆に言えば世代レベルの差はあるでしょうね。

和田：「最弱の三冠馬」なんて陰口を言われることもあるシービーだけど、世代は意外と強かったんだよね。同世代のカツラギエースがジャパンCを勝ち、リードホーユーもシービー不在の有馬記念を勝った。2着も同世代のテュデナムキング。ニホンピロウイナーも安田記念の他、マイルCSを連覇しているし、ギャロップダイナは天皇賞でルドルフを破った。逆にテイオー世代の牡馬GI馬はヤマニンゼファー（安田記念&秋の天皇賞）だけだった。

独特だった歩様、育成時の逸話…。忘れられないレース

和田：テイオーはダービー後、春の天皇賞後、有馬記念後と3回も骨折したけど、骨折明けの産経大阪杯と骨折明け2戦目のジャパンCを勝った。1年ぶりの有馬記念後も骨折したけど、3回復活した名馬ってそうはいないよね。

緒方：カネヒキリやグラスワンダーも故障から復活しましたが、テイオーは圧倒的ですね。もっとも印象的なのはどのレースですか？

和田：やはり最後の有馬記念じゃないかなぁ。3年前のオグリキャップの復活が印象深く、ひょっとしたら、という感じがした。調教も良く、返し馬も抜群だった。

小川：あのパドックは今も鮮明に覚えています。本当に1年ぶり？って思うほどのデキでした。

和田：テイオーのような歩様の馬は、後にも先にも見たことがない。繋が非常に柔らかかったんじゃないかな。

小川：いわゆる鶏跛（けいは：鶏のように脚が高く上がる歩様）とは違いますよね。

和田：テイオーは鶏跛というより、身体が柔らかいので弾むような歩様になったんじゃないかな。蹄のかかとが地面にくっついて、推進力につな

がった感じがする。

小川：和田さんは生産した長浜牧場も取材されたそうですが、どういう話を聞けました？

和田：厩舎サイドはテイオーを「手のかからないおとなしい馬」と言っていたけど、育成牧場では「難しいところがあったが、環境に慣れると賢くなった」と。

小川：2歳の春に牧柵を飛び越えたというエピソードが有名ですね。助走なしで飛び越えたとも。これは盛りすぎですか？

和田：普通はケガをするんだけどテイオーは傷一つなかったって。そんなに広い放牧地ではなかったから助走スペースはなかったかも。テイオーの件があって牧柵を高くしたと聞いた。

小川：人間の性格と同じで、馬の気性や性格も個体によって違うと感じていますが、ここでも再認識しました。競馬とは喋れない生き物の競技だからこそ面白いし、多くのファンが魅了されるんですね。最後に、テイオーのベストレースを選ぶとしたらどのレースでしょう？　僕はジャパンC。世界の強豪を相手に優勝。冷静な岡部騎手のガッツポーズも印象的でした。

緒方：僕はラストの有馬記念。トウカイテイオー産駒の会の方々に話を聞くと「ラストの有馬を見て感動した」と語ってくれました。

和田：10ヶ月休んで古馬との初対戦だった産経大阪杯を勝ち無敗の7連勝。これはルドルフにもできなかったこと。「この馬は将来すごい馬になるんだから、下手な使い方はしない」との陣営の考えが実った。産経大阪杯と有馬記念は忘れられないね。

小川：テイオーのような名馬は競馬に数多くの感動をもたらしてくれます。「令和のテイオー」出現に期待しましょう。

トウカイテイオー年譜

1988年4月20日　北海道新冠郡新冠町の長浜牧場で生まれる。牧場名はハマノテイオー。
1989年11月　二風谷軽種馬育成センターに入る。
1990年10月　母トウカイナチュラルと同じ松元省一厩舎（栗東）に入厩。
1990年12月1日　新馬戦1番人気1着。鞍上は安田隆行騎手。
1990年12月23日　シクラメンS3番人気1着。
1991年1月19日　若駒S1番人気1着。
1991年3月17日　若葉S1番人気1着。単勝得票率66・3%という圧倒的1番人気に応えた。
1991年4月14日　第51回皐月賞1番人気1着。
1991年5月26日　第58回日本ダービー1番人気1着。表彰式で二冠制覇を示す安田隆行騎手のVサインが高々と上がった。
1991年5月29日　一度目の骨折が判明。左第3足根骨骨折で全治6ヶ月と診断される。
1991年12月　栗東トレセンに帰厩。
1992年1月　1991年度JRAの年度代表馬、最優秀4歳牡馬、最優秀父内国産馬に選出される。
1992年4月5日　日本ダービー以来11ヶ月ぶりとなる産経大阪杯1番人気1着。このレースから鞍上は岡部幸雄騎手に。
1992年4月26日　第105回天皇賞・春。メジロマックイーンとの一騎打ちムードだったが5着に敗れる。
1992年5月7日　二度目の骨折が判明。左橈骨掌側面剝離骨折で全治3ヶ月。福島県いわき市の馬の温泉、その後二風谷軽種馬育成センターで調整される。
1992年9月5日　栗東トレセンに帰厩。
1992年11月1日　第106回天皇賞（秋）。再び1番人気に推されたが超ハイペースに巻き込まれ7着に敗れる。優勝はレッツゴーターキン。
1992年11月29日　第12回ジャパンC5番人気1着。当年から国際GI競走として認定され、レース史上最高と言われる世界中の強豪馬が集まった。
1992年12月19日　岡部幸雄騎手が騎乗停止処分になり有馬記念に騎乗できなくなる。
1992年12月21日　陣営は急遽田原成貴騎手に騎乗依頼。
1992年12月27日　第37回有馬記念1番人気11着。優勝はメジロパーマー。
1993年1月　左の中臀筋を痛めていることが判明。鹿児島の

	山下牧場へ放牧へ。2月から近くの海岸で乗り運動を開始。
1993年3月3日	栗東トレセンに帰厩。
1993年6月3日	宝塚記念を目前に控え、三度目となる左橈骨粗面剥離骨折が判明。二風谷軽種馬育成センターに移動して療養。
1993年9月	栗東トレセンに帰厩。
1993年12月26日	第38回有馬記念4番人気1着。ほぼ1年ぶりのレースで復活を遂げる。
1994年1月10日	JRAの特別賞を受賞。
1994年4月14日	四度目となる左前橈骨掌側面剥離骨折で全治3ヶ月。
1994年7月18日	総額9億円のシンジケートが組まれ種牡馬になることが発表される。
1994年8月27日	骨折箇所の回復が思わしくなく、天皇賞（秋）を待たず松元調教師が引退を発表。
1994年10月23日	東京競馬場で引退式。
1995年	社台スタリオンステーションで種牡馬生活に入る。
2013年8月30日	この年の種付けシーズンを終え元気に過ごしていたが、社台スタリオンステーションの馬房にて心不全を起こして息を引き取る。25歳没。

生涯成績

年月日	競馬場	レース名	距離	人気	着順	騎手	タイム	馬体重	勝ち馬(2着馬)
1990/12/01	中京	3歳新馬	1800不	1	1	安田隆行	1:52.9	460	(カラーガード)
1990/12/23	京都	シクラメンS	2000良	3	1	安田隆行	2:03.8	460	(イイデサターン)
1991/01/19	京都	若駒S	2000良	1	1	安田隆行	2:01.4	460	(イイデサターン)
1991/03/17	中山	若葉S	2000稍	1	1	安田隆行	2:03.6	460	(アサキチ)
1991/04/14	中山	皐月賞(GI)	2000稍	1	1	安田隆行	2:01.8	456	(シャコーグレイド)
1991/05/26	東京	日本ダービー(GI)	2400良	1	1	安田隆行	2:25.9	460	(レオダーバン)
1992/04/05	阪神	産経大阪杯(GII)	2000良	1	1	岡部幸雄	2:06.3	480	(ゴールデンアリー)
1992/04/26	京都	天皇賞(春)(GI)	3200良	1	5	岡部幸雄	3:21.7	480	メジロマックイーン
1992/11/01	東京	天皇賞(秋)(GI)	2000良	1	7	岡部幸雄	1:59.1	472	レッツゴーターキン
1992/11/29	東京	ジャパンC(GI)	2400重	5	1	岡部幸雄	2:24.6	470	(ナチュラリズム)
1992/12/27	中山	有馬記念(GI)	2500良	1	11	田原成貴	2:34.8	460	メジロパーマー
1993/12/26	中山	有馬記念(GI)	2500良	4	1	田原成貴	2:30.9	474	(ビワハヤヒデ)

おわりに

今までなかった感覚を覚えた有馬記念のパドック

初めて興味を持った若き頃、私にとって競馬とはギャンブルそのものでした。千円が3千円になり、5千円になり、1万円になる。ドキドキワクワクするのが非常に刺激的で、アルバイトで稼いだ金を馬券に費やしていました。

そんな私が、人生初の大勝負をしたのが1991年秋の天皇賞。「1・9」と示されたメジロマックイーンの単勝に50万円をぶちこみました。「アメリカまで走っても勝てる」と確信していたのですが、なぜか嫌な予感もします。

給料20万円の小僧が身の丈に合わぬ大金を投資する。今思えば、ドキドキの中味はこれでした。

30分後、私の脳裏には納得できぬ思いが駆け巡ります。先頭でゴールをしたメジロマックイーンはスタート直後の斜行で18着に降着。競馬史上初の出来事でした。

このレースがきっかけで、私は競馬＝ギャンブルという図式から逃れたくなりました。「もっと競馬を奥深く知りたい。味わいたい」と感じ、競馬雑誌の編集プロダクションに入社し、何冊もの競馬雑誌や単行本を作ってきました。

騎手の思い。調教師の毎日。馬主の金銭感覚。生産者の競馬観。予想家の目のつけどころ。これらに接することで、競馬愛は深まっていきました。

競馬の仕事を始めて半年ぐらい経ったときに、今までになかった感覚を覚えました。93年の有馬記念。パドックで見たトウカイテイオーの雰囲気に呑み込まれてしまいますが、1年ぶりでGIを勝った馬など皆無です。頭の中で両方の思いが駆け巡り、パドックでオーラを感じたトウカイテイオーの単勝と、返し馬が一番よく見えたビワハヤヒデとの馬連を買った記憶があります。

このレースが、私を現場派にさせてくれました。パドックと返し馬。レース前の各馬の雰囲気は競馬予想に欠かせない。

そんな思いは、30年経った今も継続しています。

振り返れば、トウカイテイオーとは私に「競馬とは何か」を教えてくれた馬でした。あれから30年経った今も、大好きな競馬を仕事にできる人生。

金はないですがストレスもない。非常にありがたいことです。

小川隆行

その伝説はまだフィナーレを迎えていない

読者の皆様、本書をお手にとっていただきありがとうございます。競馬ニュース＆コラムサイト「ウマフリ」代表の緒方きしんと申します。名馬トウカイテイオーの物語、お楽しみいただけたでしょうか？

幼い頃からレオダーバンの大ファンだった私にとって、トウカイテイオーといえば超がつくほどの難敵で、完全無欠な存在に感じられていました。ダービーの映像を見ても、ゲームで戦っても、トウカイテイオーには勝てる気がしないというのが正直なところでした。

そんな私が、トウカイテイオーがもたらした奇跡のようなドラマに夢中になったのは、競馬の仕事を始めてからのことです。とある競馬雑誌にて、トウカイテイオーの血を持つ馬たちを支援する団体「トウカイテイオー産駒の会」を取材させていただいたのですが、その際に当時の雰囲気やラストランの感動を伺って、胸を打たれました。

「トウカイテイオー産駒の会」の方々は、トウカイテイオー産駒を乗馬としてリトレーニングして第二の馬生へと送り出す活動を長年続けられています。私自身も、トウカイテイオーのファンとして、千葉や群馬の乗馬クラブに会いに行きました。トウカイテイオーの産駒たちは乗馬としての資質が高いらしく、競技会で活躍する馬も少なくありません。トウカイテイオーから受け継いだ柔軟性もそれを後押ししているのでしょう。そして私は、自分が生まれた頃に活躍していた名馬の産駒が、今もなお人々から愛されているということに感銘を受けました。なにせ、レオダーバンの血が流れる馬は、私が知る限りでは母母父レオダーバンのエーモネーが2014年に走ったのを最後に、競馬場では見つけられていませんから…。

トウカイテイオーは、母父や母母父としても影響力を持ち続けています。特にご注目いただきたいのが、サウジアラビアRCなどを制し、古馬になってからオーストラリアへと移籍したブレイブスマッシュ。父トーセンファントム、母父トウカイテイオーという血統の馬ですが、現地GIを制して種牡馬となると、初年度から100頭以上の繁殖を集める人気ぶりを見せています。さらに大手のスタッドへと移籍を果たし、これからの活躍に期待が高まります。本文でも触れたクワイトファインを含め、令和となった現代でも血統表でその名前が見られることは、一人のトウカイテイオーファンとして感慨深いものがあります。唯一無二のドラマを持っている名馬、トウカイテイオー。どうやら、その伝説はまだまだフィナーレを迎えていないようです。現在進行形で織り成されているドラマを盛り上げるものたちの一つに本書が加われるのであれば、それ以上に光栄なことはありません。

緒方きしん

執筆者紹介（五十音順）

安藤康之　あんどう・やすゆき
ダビスタから競馬にハマり、気がつけば今年で競馬歴30年。現在は中央、地方問わず競馬場に足を運び、競馬ライター・カメラマンとしても活動中。

UMANIACひい　うまにあっく・ひい
東京都出身。競馬歴約20年。日々、馬に関するイラストを描き写真を撮りグッズを制作。馬産地イラストレーターとして、日高を拠点に活動中。

大嵜直人　おおさき・なおと
文筆家、心理カウンセラー。「ウマフリ」に寄稿、共著『競馬　伝説の名勝負』シリーズ、『テイエムオペラオー伝説』『ゴールドシップ伝説』がある。

緒方きしん　おがた・きしん
1990年北海道生まれ。競馬ライター。競馬コラムサイト「ウマフリ」の代表を務める。「netkeiba」「SPAIA」『競馬の天才!』などに寄稿。好きな馬はレオダーバンなど。

小川隆行　おがわ・たかゆき
1966年千葉県生まれ。牡57。ライター&編集者。中山競馬場の近くで生まれ育ち、高校時代にミスターシービーの皐月賞を目にして熱狂的な競馬ファンに。トウカイテイオーは競馬を学ばせてくれた馬であり、私を競馬に引き寄せてくれた印象深き馬である

勝木淳　かつき・あつし
競馬ライター。優駿エッセイ賞2016グランプリ受賞。競馬コラムサイト「ウマフリ」「SPAIA」競馬雑誌『優駿』などに寄稿。Yahoo! ニュース個人オーサー。

後藤豊　ごとう・ゆたか
ギャンブル・女・酒・野球に明け暮れ30年になる馬券オヤジ&タクシードライバー。

齋藤翔人　さいとう・とびと
京都府出身。大学卒業後、サラリーマン生活を10年以上送るも、競馬に関わる仕事がしたい気持ちを抑えきれず脱サラ。競馬コラムサイト「ウマフリ」で重賞回顧を連載中。

治郎丸敬之　じろうまる・たかゆき
『ROUNDERS』編集長。好きな馬はヒシアマゾン、ブラックホーク。主な著書に『馬体は語る』。「ウマフリ」では馬主としての奮闘記を寄稿。あなたと競馬が100年続きますように。

鈴木淑子　すずき・よしこ
東京都出身。競馬パーソナリティー。「スーパー競馬」（フジテレビ）など、多数のテレビ・ラジオの競馬番組でコメンテーター、キャスターを務める。

手塚瞳　てづか・ひとみ
栃木県出身。慶應義塾大学文学部卒。ウマの書記係。第15回Gallopエッセー大賞受賞。NPO法人日本インタビュアー協会認定インタビュアー。「ウマフリ」にも寄稿。

夏目伊知郎　なつめ・いちろう
幼少期より競馬を通じて喜怒哀楽を学び、現在に至る。メジロマックイーンを愛し、馬を語れば地の果てまで語り続ける。「ウマフリ」では「名馬・名勝負」コラム担当。

秀間翔哉　ひでま・さねちか
1997年生まれ。ビワハヤヒデに競馬を学び、デュランダルに心を奪われ、ハルーワソングの牝系を追い続ける1人の競馬ファン。現在は主に「ウマフリ」への寄稿により競馬への思いを語る。

松崎直人　まつざき・なおと
1994年生まれ28歳牡、埼玉県出身。父とテレビで見たディープインパクトと武豊騎手の影響で、競馬&乗馬ライフを送る。2021年春から「ウマフリ」に不定期で寄稿。ジョン・レノンを愛するバンドマンでもある。

望田潤　もちだ・じゅん
競馬ライター。血統評論家。育成牧場従業員を経て競馬通信社編集部に在籍。サイト「血統屋」「競馬道Online」など様々な媒体で血統に関するコラムや予想を執筆中。馬主・生産者の配合アドバイザーも務める。

横山オウキ　よこやま・おうき
フリーライター。「ウマフリ」や『競馬最強の法則』（現在休刊）に寄稿。趣味はPOG、馬券はワイドBOX党、好きな馬はルーラーシップ、アパパネ、ダイワスカーレットなど。

和田章郎　わだ・あきお
1961年生まれ。大学卒業後に中央競馬専門誌ケイバブックに入社。「競馬こそ究極のエンターテインメント」がモットー。

トウカイテイオー伝説《でんせつ》 日本競馬《にほんけいば》の常識《じょうしき》を覆《くつがえ》した不屈《ふくつ》の帝王《ていおう》

二〇二三年 六月一九日 第一刷発行

編著者 小川隆行《おがわたかゆき》＋ウマフリ

発行者 太田克史《おおたかつし》

編集担当 持丸剛《もちまるつよし》

発行所 株式会社星海社
〒一一二-〇〇一三
東京都文京区音羽一-一七-一四 音羽YKビル四階
電話 〇三-六九〇二-一七三〇
FAX 〇三-六九〇二-一七三一
https://www.seikaisha.co.jp

発売元 株式会社講談社
〒一一二-八〇〇一
東京都文京区音羽二-一二-二一
(販売) 〇三-五三九五-五八一七
(業務) 〇三-五三九五-三六一五

印刷所 凸版印刷株式会社

製本所 株式会社国宝社

アートディレクター 吉岡秀典《よしおかひでのり》（セプテンバーカウボーイ）

デザイナー 榎本美香《えのもとみか》

フォントディレクター 紺野慎一《こんのしんいち》

校閲 鷗来堂《おうらいどう》

ISBN978-4-06-532216-1
Printed in Japan

264
SEIKAISHA SHINSHO

261

ゴールドシップ伝説

愛さずにいられない反逆児

小川隆行＋ウマフリ

気分が乗れば敵なし！　「芦毛伝説の継承者」

常識はずれの位置からのロングスパートで途轍もなく強い勝ち方をするかと思えば、まったく走る気を見せずに大惨敗。気性の激しさからくる好凡走を繰り返す。かつてこんな名馬がいただろうか。「今日はゲートを出るのか、出ないのか」「来るのか、来ないのか」「愛せるのか、愛せないのか」…。気がつけば稀代のクセ馬から目を逸らせられなくなったわれわれがいる。度肝を抜く豪脚を見せた大一番から、歓声が悲鳴に変わった迷勝負、同時代のライバルや一族の名馬、当時を知る関係者・専門家が語る伝説のパフォーマンスの背景まで。気分が乗ればもはや敵なし！　芦毛伝説を継承する超個性派が見せた夢の航路をたどる。